# CÓMO HACER
## Quesos
### *artesanales*

Aranza Granados

CÓMO HACER Quesos *artesanales*

Recetas para preparar queso,
mantequilla y yogurt

PANORAMA
gastronomía

Respete el derecho de autor.
No fotocopie esta obra.

*Cómo hacer quesos artesanales*
Aranza Granados Castañón

Primera edición: Panorama Editorial, 2014

D. R. © 2014, Panorama Editorial, S. A. de C. V.
   Manuel Ma. Contreras 45-B, Col. San Rafael,
   06470, México, D. F.

Teléfono: 55 54 70 30
e-mail: panorama@iserve.net.mx
www.panoramaed.com.mx

Texto © Aranza Granados Castañón
Fotografía portada: ©Photocrea, usada para la licencia de Shutterstock.com

ISBN: 978-607-452-496-3

Impreso en México

# Índice

*Los quesos*

*Mantequillas y yogurt*

# Prólogo

Imagínate la siguiente escena: estás en medio de las montañas nevadas en la lejana Suiza, cae la tarde y te sientas a la mesa acompañado de un par de tus mejores amigos. Has pasado el día en el frío, estás cansado y hambriento. El fuego de la chimenea te calienta la cara. Tus manos sostienen una taza de chocolate humeante. Te rodea la charla sencilla y cotidiana de tus amigos mientras esperan a que en la olla se derritan trozos sedosos del mejor queso suizo de la región. Agregas un poco de vino blanco y hierbas a la olla y la habitación se llena de un aroma inigualable que se mezcla con el olor al pan recién horneado que tanto te recuerda a tu hogar.

Llegado el momento, tomas un trozo de pan y lo hundes en el queso fundido. Llevas este sencillo manjar a tus labios y sientes cómo el sabor te invade con una sensación reconfortante. Es el sabor de casa, de la comida lenta y sencilla; es el sabor del queso que por sí mismo hace de lo simple una experiencia extraordinaria.

El queso puede ser el protagonista principal de una comida sencilla pero deliciosa, como un *fondue*. Es un alimento que puede degustarse en la simplicidad de un paseo en el campo, solo o con un poco de pan o fruta. Es un alimento que, gracias a su gran sabor y textura, no necesita nada más para hacernos sentir que hemos degustado un manjar digno de reyes.

Así como el queso puede ser el acompañante ideal para una comida informal, también lo encontramos en los escenarios más exclusivos. Ahora piensa en una cena romántica a la luz de las velas en el centro de París. Mientras degustas una tabla de quesos típica con la mejor selección de quesos de cabra, roquefort y brie, acompañados de una copa de vino francés, sientes cómo las distintas texturas y los sabores intensos llenan tu paladar. El postre puede esperar, la tradición francesa antepone el queso, dándole un lugar que explica por qué es uno de los ingredientes preferidos de la cocina gala.

El queso puede ser toda una experiencia *gourmet* que te acompañe en los momentos más especiales de tu vida. La delicadeza y el balance de su textura, la complejidad de su sabor y los característicos aromas que despide se integrarán en tu memoria para complementar una velada inolvidable y única. Nuevamente, el queso, ahora desde su complejidad y exclusividad, es un manjar digno de los más exquisitos y exigentes paladares.

Espero que en estas páginas encuentres las herramientas necesarias para adentrarte en el apasionante mundo de la lechería. Más que un libro de recetas, pretendo darte un medio para que te enamores del arte de la quesería. Te daré unas cuantas pautas seguras, pero recuerda que el timón está en tus manos y que tu creatividad y gusto personal marcará la diferencia en tu cocina. ¡Manos a la obra!

# LAS BASES

# Introducción

## Los quesos artesanales
## y los productos hechos en casa

La industria artesanal lechera tiene una gran importancia en la gastronomía mexicana. Sin embargo, la intención de este libro resalta de cara un hecho importante: no es necesario tener instalaciones costosas, especializadas o industriales para elaborar con higiene productos de alta calidad derivados de la leche.

Podemos producir queso, mantequilla y yogurt con altos niveles nutricionales, gracias a la frescura y procesamiento natural de sus ingredientes, tan sólo con instrumentos básicos como ollas, tinas, palas, cucharas y telas. La inversión es mínima: dos termómetros, un par de tablas, una pareja de moldes y otros enseres menores que te permitirán crear los más variados quesos con el más estricto control de calidad: el tuyo.

## La diferencia de sabor
## de los productos hechos en casa

Si visitas el supermercado, encontrarás una gran variedad de quesos y otros productos lácteos a tu disposición. Están ahí, al alcance de tu mano. Entonces, ¿por qué tomarse la molestia de producirlos en casa?

Cada vez más personas prefieren producir sus alimentos en casa. La razón de este fenómeno reside en querer controlar lo que nos llevamos a la boca para nutrirnos a nosotros mismos y a nuestra familia.

Te propongo un experimento: toma un bote de yogurt o una barra de mantequilla y lee con cuidado la etiqueta. ¿Qué te encontraste? Seguramente te encaraste con una lista bastante larga de ingredientes, muchos de los cuales no sabes bien a bien qué son. Encontrarás aditivos, colorantes, saborizantes, sustitutos, conservadores, etcétera. Sin embargo, tú sabes que tanto el yogurt como la mantequilla deberían tener una lista de ingredientes simple: leche y, en algunos casos, un cultivo. Entonces, ¿de dónde sale toda esa lista de cosas que estamos consumiendo sin cuestionarnos?

Estos ingredientes aparecen cuando el proceso industrializado de estos productos exige que su producción sea más rápida, barata y duradera. Estos quesos, por ejemplo, ya no están hechos de pura leche, sino que son "rellenados" con grasa vegetal para que adquieran una textura similar a la del queso. Sin embargo, no consumes un queso natural, verdadero, ni los nutrientes y propiedades de la leche. Te estás alimentando de una imitación con mala calidad.

El avance de la tecnología en los tiempos modernos y la necesidad de producir más alimentos que puedan mantenerse en buen estado por más tiempo provocaron que la industria láctea fuera industrializándose poco a poco, repercutiendo en los productos derivados de la leche.

Un producto industrializado está hecho en masa, con recetas estandarizadas y aditivos que sustituyen ingredientes difíciles de manejar en grandes volúmenes, ya sea por el delicado balance de sabor que requiere o por la complejidad de mantenerlo en buen estado por largos periodos de tiempo. Aunque este proceso resultó benéfico en muchos sentidos, pues, si bien se pudo conservar la comida y llevarla a lugares lejanos sin elevar demasiado los costos, el gran perdedor fue nuestro paladar.

En efecto, los productos hechos en masa tienen un sabor estandarizado que ha perdido gran parte de los matices originales de sus ingredientes. Son sabores menos intensos, texturas menos complejas y, en resumen, experiencias gastronómicas menos ricas. Podemos hacer esta fuerte afirmación porque sabemos la diferencia: hemos probado el sabor de una mantequilla fresca, un yogurt genuino y un queso natural.

Quiero animarte a probar los productos naturales para que notes la gran diferencia que hay entre los elaborados con procesos industrializados y los que son manufacturados artesanalmente o en casa. Seguramente habrás tenido la oportunidad de probar algún queso traído por el productor para su venta en la parte de atrás de su camioneta, habrás notado que no sabe igual al que compras en el supermercado. Pues ahora te invito a llevar todo ese sabor a tu casa gracias al trabajo de tus propias manos. Nadie pondrá más cuidado que tú en la elaboración de los alimentos que consume tu familia: notarás la diferencia y ellos también.

## La tradición mexicana en el trabajo de la leche: historia de la lechería en México

La tradición láctea en México se remonta a la llegada de los españoles y la Colonia con la introducción de la leche. El ganado europeo en América desató una ola de aportaciones culinarias mestizas que llenaron de sabor nuestras cocinas. Sin perder su originalidad, la cocina regional mexicana se diversificó enormemente integrando los derivados de la leche a un sinfín de platillos, conformando así las joyas gastronómicas del México antiguo y nuestro patrimonio cultural.

Los productos lácteos son grandes protagonistas de la cocina mexicana. Desde los chiles rellenos de queso fresco a las famosas quesadillas, nuestra gastronomía está llena de quesos y cremas de lo más diversos y sabrosos. Con esta larga tradición, convive una forma de producción lechera que mantuvo sus formas y procesos tradicionales hasta el siglo XX.

En efecto, en México la leche se producía para el consumo local en las lecherías regionales. De ahí que cada región fuera perfeccionando sus modelos de fabricación que crearan productos típicos de cada una de ellas.

Es con la entrada del siglo cuando la demanda de una mayor producción con medidas sanitarias cada vez más estandarizadas, que la industria lechera mexicana conoció su gran expansión.

En 1925, según datos encontrados en la página oficial de Liconsa, se hizo obligatoria la pasteurización y venta de la leche en envases cerrados. Este hecho cambió la forma en la que se producía y vendía leche en el país: pasamos de la comercialización estrictamente local a la regional y nacional. Sin embargo, las lecherías locales siguieron vendiendo sus productos fuera de estas reglamentaciones, aunque su impacto en el consumo decreció considerablemente.

Con la explosión demográfica, el mercado mexicano se volvió sumamente atractivo para las empresas internacionales. Así, durante la primera mitad del siglo encontramos presencia de capital extranjero buscando copar el mercado: era necesario profesionalizar la industria lechera nacional para poder competir.

El aumento de la población también tuvo efecto en el crecimiento de la demanda de productos lácteos a precios accesibles para los sectores más desprotegidos. Por esta razón, el gobierno mexicano impulsó, hacia 1944, la importación de grandes cantidades de leche en polvo. Aún así, se sabía que si realmente se quería darle abasto a la demanda a precios razonables, se tendría que impulsar la industria nacional.

El impulso a la industria lechera nacional llegó en la década de los cincuenta. Tradicionalmente las rancherías habían preferido el mercado de la carne al mercado lácteo por el alto valor en el mercado que aquellos tenían. Sin embargo, se le dio un fuerte impulso para tecnificar la producción y lograr, hacia los años sesenta, que la industria privada empezara a hacer negocio con los derivados de la leche.

Se destacaron grandes regiones lecheras, algunas de ellas famosas hasta nuestros días como los Altos de Jalisco, el estado de México y la Comarca Lagunera. La leche de esta última se encumbraría en la segunda mitad del siglo hasta convertirse en una de las industrias lecheras más fuertes del país.

La batalla por el mercado continuó durante los años setenta. No fue sino hasta la entrada de la década de los ochenta que la industria nacional pudo realmente competir y dar abasto a la demanda nacional de productos lácteos. Sin embargo, las importaciones continuaron y poco a poco la producción nacional decreció. Otro factor importante que afectó a la industria de la leche fue el control del gobierno sobre los precios, reduciendo considerablemente el margen de ganancia para los productores.

En los años noventa, con la firma del Tratado de Libre Comercio de América del Norte, el gobierno mexicano dejó de controlar el precio de la leche. Como se esperaba, la industria privada subió su producción, lo cual mantuvo precios accesibles de los productos nacionales, lo que disminuyó la cantidad de importaciones.

Hoy por hoy, la industria nacional de leche fresca tiene la fuerza suficiente para cubrir la demanda del país. Sin embargo, la leche en polvo, principalmente, y algunos derivados de la leche, siguen contando con una fuerte presencia de empresas extranjeras.

La producción local, en cambio, se ha deteriorado bastante, complicando la comercialización de productos artesanales. Sin embargo, recientemente se ha querido retornar a la naturaleza, a lo orgánico, a lo local: a lo no industrializado. Esta tendencia podría rescatar los productos y modos de producción de la lechería mexicana de antes del siglo sin sacrificar las ventajas de la tecnificación de la industria.

Actualmente, se han hecho grandes esfuerzos para recuperar los productos lácteos originales de distintas regiones del país que se ven en peligro de desaparecer por los procesos de industrialización. Incluso algunos entusiastas de los quesos han encontrado más de 30 variedades de quesos genuinos de México. Aquí incluiré la receta de algunos de ellos, muy sabrosos y sencillos de realizar en casa.

## Aspectos de nutrición y calidad

Por su importancia, queremos recalcar algunos elementos nutricionales y de calidad que seguramente hará atractiva la idea de preparar tus propios derivados de la leche en tu hogar: las mantequillas, el yogurt y los quesos hechos en casa pueden ser nutritivos, saludables, sabrosos, simbólicos y culturales.

Como ya he mencionado, los alimentos industrializados suelen tener cierto grado de artificialidad: contienen aditivos y sustitutos que reducen la cantidad y calidad de sus nutrientes.

Los quesos hechos en casa se acercan mucho más a un queso tradicional que a un queso industrializado. El sabor, la calidad y los nutrientes serán mucho mejores que los de los productos del supermercado. Aun si no cuentas con leche bronca, prefieres utilizar leche pasteurizada, no sigues el proceso artesanal al pie de la letra, notarás que el resultado es infinitamente superior.

En tus manos está la elección del tipo de producto que quieres consumir. Puedes ser muy tradicional y llenar tu casa de una carga cultural importante, elegir ingredientes orgánicos y enseñar a tu familia a tener respeto por la naturaleza, optar por productos saludables y llenar tu vida de nutrientes de alta calidad, inclinarte por alimentos poco procesados y favorecer el toque natural en tu cocina o integrarte a las tendencias nutrimentales del momento y llenar tu dieta de alimentos funcionales y probióticos. Nosotros te daremos las herramientas para lograrlo.

## Apoyo a los productores locales,
## el rescate de nuestras tradiciones
## y otras ventajas

Para la elaboración de los lácteos que te mencionaremos en los siguientes capítulos, puedes utilizar leche que encuentras en el supermercado, pues así he planteado las recetas para facilitarte la vida. Sin embargo, quiero recordarte que, no muy lejos de tu casa, seguramente hay alguna ranchería de buena calidad en la que podrías conseguir leche bronca, crema, quesos y demás productos a un buen precio, con una calidad y sabor inigualables.

Sin embargo, la competencia voraz contra la que se enfrentan los pequeños productores hace que su existencia sea precaria. Muchas rancherías han quebrado con el paso de los años llevándose consigo los secretos de productos deliciosos que formaron parte de nuestra rica gastronomía y que hoy han quedado en el olvido. Consumir sus alimentos artesanales favorecerá a los pequeños productores locales que todavía mantienen las formas tradicionales de trabajar la leche, además de ser una excelente manera de proteger la calidad y la diversidad de los productos mexicanos que te llenará de satisfacción.

También debemos tener en cuenta que las tendencias ecologistas de hoy nos urgen a modificar el mercado de tal manera que prefiramos consumir los productos locales para que, de esta manera, gastemos y contaminemos menos, efectos secundarios de la industrialización y la transportación de los alimentos, esto sin tomar en cuenta además que los productos artesanales no llevan la gran cantidad de químicos que sí contienen la mayoría de los industrializados.

Comer alimentos naturales, procesados en forma artesanal, es una forma de garantizar que nada contaminará tu cuerpo.

De igual manera, consumiendo productos locales podrás apoyar a los artesanos queseros en su lucha contra la homogenización de los sabores y la pérdida de estilos distintivos de quesos mexicanos que están quedando en el olvido. Métodos de producción, estilos y variedades regionales, sabores y texturas propias de nuestra tierra que merecen ser rescatadas.

Motivos nos sobran para animarnos a hacer un recorrido culinario por México probando sus variedades de quesos, principalmente, y aprendiendo metodologías artesanales que podemos llevar a nuestra casa para enriquecer nuestra cultura gastronómica y nuestra cocina. Con ello, incluso podrás sentirte orgulloso de procurar proteger nuestras tradiciones culinarias al favorecer a los productores locales, al medio ambiente prefiriendo productos orgánicos y al consumir alimentos de primera calidad.

## ¡Haz tus propios productos caseros!

Mientras avances en las técnicas descritas en este libro, notarás que es relativamente sencillo preparar mantequillas y yogurt y que incluso algunos tipos de queso no representan mayor dificultad. Sin embargo, a medida en que te adentres en el mundo del queso casero, te toparás con técnicas que requieren práctica y mucha paciencia. Con todo, quiero asegurarte que valdrá la pena cada minuto que le inviertas a esta actividad.

La satisfacción que obtendrás por hacer tus propios productos caseros va mucho más allá de los alcances de tu propia cocina. Un amante de la gastronomía sabe que se puede apreciar no sólo el producto terminado, sino también la preparación de la comida. Estoy segura de que te enamorarás de los procesos que se requieren para hacer los más complicados quesos.

Además, ¿qué mejor obsequio puedes hacerle a tus seres queridos que algo fabricado con tus propias manos? Te sugiero que encuentres creativas formas para empaquetar tus creaciones y se las regales a tu familia y amigos. Verás cómo se sorprenden de la calidad de tu trabajo y pronto estarán preguntándote cuál es el secreto del inigualable sabor de tus lácteos caseros.

Y si vamos a hablar de compartir tus secretos, ¿qué mejor actividad para compartir con los más pequeños que preparar mantequillas y quesos sencillos? Prueba enseñarles los pasos básicos y verás cómo tus hijos se divierten mientras agitan vigorosamente la leche para hacer mantequilla. ¡Son actividades productivas y divertidas que unirán a tu familia!

# Los utensilios

Para hacer queso, mantequilla y yogurt en casa, necesitarás algunos utensilios sencillos y un par de instrumentos especializados. A continuación te brindo un listado general de elementos que se necesitan en la mayoría de las recetas que se presentan en este libro. Recuerda que puedes sustituir varios de estos elementos por otros con los que ya cuentes en tu casa o por aquellos con los que te sientas más cómodo al trabajar.

En cuanto a los aparatos especializados, como las máquinas para hacer helado o las ollas dobles para baño maría, te daré una valoración de su utilidad y te mostraré cómo realizar el trabajo con o sin ellos. Intentaré mantener las cosas lo más sencillas posibles para que puedas hacer estos productos en la comodidad de tu hogar sin tener que invertir en un equipo profesional y especializado. Sin embargo, si lo prefieres, puedes sustituir cualquiera de los elementos mencionados por alguna versión más sofisticada que te ahorre el trabajo.

Para iniciarte en este arte no necesitas equipo caro: con unas cuantas ollas y un buen termómetro podrás crear una gran cantidad de productos lácteos distintos y de calidad. Una vez que comprendas los procesos, podrás adaptar los instrumentos con creatividad. Te aconsejo primero, experimentar con lo más básico y luego, si te enamoras de estos procesos, crear tus propios utensilios o comprar aquellos que requieras.

## El equipo básico

### Ollas de acero inoxidable

La transformación de la leche se basa, principalmente, en el proceso de acidificación de la misma. Es importante que entiendas que esta reacción química puede verse influenciada por los materiales con los que entra en contacto. Así, para prevenir que se contaminen tus productos, te recomiendo que utilices ollas de acero inoxidable.

Es importante que cuentes con varias ollas que sean lo suficientemente grandes para contener entre 7 y 11 litros de agua. Notarás que para algunas recetas estarás usando 2 o 3 ollas en un mismo proceso. Puedes reducir la cantidad de ollas, pero eso implicará lavarlas constantemente. Te recomiendo comenzar con 3 ollas y experimentar para conocer lo que mejor te acomode.

Otro punto importante en la elección de una buena olla es preferir aquellas de doble fondo, pues tienen un fondo grueso, pesado y reforzado que ayuda a una transmisión uniforme de calor. Esto es muy importante para evitar quemar parte de la leche o de la cuajada y te ayudará a preocuparte menos por este aspecto y lograr un mejor control de la temperatura.

Una excelente opción es invertir en una olla doble especializada para baño maría. Esta olla te permitirá calentar la leche de forma indirecta: en lugar de exponerla directamente al fuego, estará colocada en la olla superior que reposa dentro de la olla inferior, rellena de agua, que sí estará en contacto directo con el fuego. Esta es la mejor forma de calentar la leche y la cuajada. Si no tienes una olla como ésta, no te preocupes, puedes obtener el mismo resultado utilizando dos ollas simples.

## Telas o mantas para drenado

Un paso importante, para la elaboración de quesos principalmente, es el escurrido de la cuajada. Para esto, se usan telas y mantas en las que ésta se deja reposar para escurrir el suero. Es un proceso de colado con un tramado mucho más fino.

En las tiendas especializadas para quesos encontrarás opciones profesionales para este propósito. Si te parecen muy caras o difíciles de conseguir, puedes usar otras.

Te recomiendo la estopilla, ya que esta tela es relativamente fácil de conseguir en los supermercados. Aunque no es profesional, podrás crear con ella todos los quesos que te presento en este libro; para algunos quesos añejos que requieren un proceso más complejo, tendrás que conseguir una estopilla profesional.

Las estopillas que solemos encontrar en los supermercados tiene el tejido muy abierto por lo que necesitarás poner dos o tres capas para no perder la cuajada con el suero al colar la mezcla. Experimenta con la estopilla que encuentres y analiza si en el proceso de colado estás perdiendo cuajada. Si es así, suma una capa más de estopilla o consigue una estopilla con el entramado más cerrado.

Si no encuentras una estopilla adecuada, prueba con muselina, otro tipo de tela de trama fina que puede ayudarte para colar la cuajada, fácil de conseguir.

Recuerda hervir, lavar y enjuagar perfectamente la tela antes de volver a utilizarla, pues es vital para mantener tus productos lácteos dentro de un alto estándar de calidad sanitaria.

✓ Algunas personas usan filtros para café en lugar de filtros de tela. Esta opción puede sacarte de un apuro aunque puede resultar poco económica.

## Colador

Necesitas un colador grande que pueda reposar sobre alguna de tus ollas. De preferencia, busca uno de acero inoxidable, aunque puede ser de plástico dado que la mezcla no entrará en contacto directo con él, sino a través de la tela para drenar. Calcula que tu colador tenga la capacidad y la fuerza para soportar medio kilo en su interior.

## Cuchillo cuajada o una espátula larga

Necesitarás este utensilio para cortar la cuajada. No es necesario que tenga punta ni filo pues la cuajada es suave. Una espátula larga y plana basta para este proceso. Asegúrate de que sea lo suficientemente larga para llegar al fondo de tu olla más alta sin que tengas que introducir el mango en ella. Esto te evitará accidentes y ayudará a mantener la limpieza de tus productos. Nuevamente, procura que sea de acero inoxidable.

## Cucharas de acero inoxidable

Necesitarás al menos de dos tipos: una cuchara para servir líquidos y una con perforaciones o cernidor (como las que usamos para servir el espagueti). El propósito de estos utensilios es transportar líquidos, por un lado, y separar la cuajada del suero, por el otro. Como puedes imaginar, ambos utensilios entrarán en contacto directo con la mezcla, por esto es necesario que sean de acero inoxidable.

## Un par de buenos termómetros para comida

Es recomendable invertir dinero para comprar un par de termómetros de calidad que te den una lectura rápida y precisa. Puedes trabajar sólo con uno, pero encontrarás que el proceso de hacer algunos quesos es mucho más sencillo y exacto si puedes obtener rápidamente la temperatura tanto de la mezcla como del agua en la que la estás calentando. Trata de conseguir termómetros que puedan colgarse de la orilla de la olla y se introduzcan varios centímetros dentro de ella.

## Misceláneos

Como en toda receta de cocina, las mediciones exactas son imprescindibles para obtener las cantidades y sabores deseados de tus alimentos. La preparación de quesos no es excepción, así que te recomiendo comprar una taza y cucharas de acero inoxidable, pues estos entrarán en contacto directo con los ingredientes de la mezcla.

# Equipo especializado

## *Canastas y moldes para quesos*

Podrás usarlos para guardar la cuajada, drenar el suero y darle forma a los quesos durante el proceso del prensado. De preferencia utiliza acero inoxidable o algún plástico especial para conservar alimentos. Los moldes especializados vienen en distintos tamaños, cuentan con varias perforaciones para dejar escurrir el suero y tienen una tapa que les ajusta para poder prensar los quesos.

También puedes crear tus propios moldes para quesos. Para ello puedes utilizar envases de comida y hacerles pequeños agujeros en un patrón regular para permitir que el suero se drene al aplicarle presión a la cuajada. También puedes adaptar las tapas para el prensado. No necesitas comprar moldes profesionales.

Algunos quesos, por razones de presentación, necesitan cierto tipo de moldes. Esto es porque tradicionalmente vienen en barras o en cilindros. Puedes seguir estas indicaciones para apegarte a la receta original o usar los moldes que tengas. Incluso algunos quesos utilizan canastas para este proceso, lo que deja en su superficie hermosas marcas del tramado de la canasta. Sin embargo, esto es una cuestión de presentación del queso y no influirá en su sabor o calidad si no usas una.

### Charola de drenado

Necesitarás alguna charola que reciba el suero cuando drenes la cuajada. Puedes comprar una profesional o usar cualquier tipo de refractario o charola que tengas en casa.

### Maderas para drenado o tablas para corte

Algunos procedimientos de drenado implican el uso de alguna tabla de madera. Procura usar maderas duras y no porosas para mejorar la higiene.

### Estera para drenado y secado

Se trata de una rejilla de plástico o madera para drenar o dejar secar algunos tipos de queso. Si no encuentras una profesional y específica, puedes utilizar las esteras para sushi y obtendrás un resultado similar.

### Prensa de queso

La finalidad de este utensilio es extraer la humedad de la cuajada aplicando presión. Puedes comprar una en el mercado o sustituirla utilizando objetos pesados como ladrillos, piedras o libros, es tu decisión. La presión hará que la cuajada entre en el molde o la canasta y el suero salga por los agujeros que hay en ellas, según el tipo de queso puede ser que necesites aplicar un peso específico en un tiempo específico;

si no tienes una prensa profesional, te será útil contar con una balanza.

Un aspecto importante si quieres construir tu prensa para queso en casa es que fabriques una tapa que sea de la medida exacta del molde en el que prensarás el queso. Así, cuando apliques el peso sobre esta tapa, la presión será homogénea y no se escapará mezcla por los lados del molde.

Una buena prensa de queso casera se puede hacer con el contenedor de plástico de un litro de helado, perfectamente limpio, con agujeros hechos en un patrón regular en el fondo y los lados. Podemos recortar la tapa del contenedor de tal manera que embone en el envase y pueda funcionar como un émbolo. Para usarla, colocaríamos la estopilla en el fondo, la cuajada y la tapa. Podríamos presionar la tapa con libros y el suero saldría por el fondo.

### Un atomizador

Este instrumento se utiliza para rociar la superficie de algunos quesos añejos con agua salada y para limpiar el moho en algunos quesos.

### Cera para queso

Algunos quesos añejos se protegen contra las bacterias con una capa de cera especial. Si vas a realizar este tipo de queso, necesitarás esta cera, una brocha de cerdas naturales para aplicarla y una olla para calentarla a baño maría. Si lo prefieres, puedes sumergir tus quesos en la cera en lugar de aplicarla con una brocha.

Es importante que consideres que la olla que utilices para calentar la cera será muy difícil de limpiar. Mi recomendación es que dediques una olla vieja únicamente para este proceso.

## Herramientas para medir el pH

Para algunos tipos de queso es vital controlar el nivel de acidez que se ha alcanzado. Para este propósito puedes conseguir un medidor de pH o tiras medidoras de pH (si optas por las tiras, asegúrate de que alcancen los niveles de acidez comprendidos entre el 5 y el 7, de lo contrario, no te servirán).

## Un espacio para refrigerar

Ciertos tipos de queso añejo tienen que envejecer por semanas o meses en un espacio donde puedas controlar la temperatura y la humedad. Lo más recomendable es conseguirte un pequeño refrigerador que puedas dedicar al añejamiento de tus quesos.

## Frascos que puedan soportar temperaturas altas

Necesitarás varios si quieres guardar el suero y procesarlo para cocinar, hacer mantequilla o incluso para guardar yogurt o algunos cultivos. Procura que todos tus frascos tengan una tapa que les ajuste perfectamente.

✓ Recuerda siempre esterilizar todo tu equipo antes de empezar a cocinar.

## Lo que no puede faltar

Si quieres adentrarte en el mundo de la transformación de la leche, debes tener un diario en el que anotes los procesos y los resultados que has obtenido. Este cuaderno deberá estar dedicado única y exclusivamente a tus experimentos culinarios. En él, deberás llevar un registro preciso de las fechas, las temperaturas y los procedimientos que realizas. Así sabrás qué te está funcionando y qué no. También podrás llevar la cuenta del añejamiento de tus quesos y su caducidad. Si mantienes un estricto control de estos factores, podrás darle el carácter preciso que planificaste a cada uno de tus productos.

Recuerda que estás trabajando artesanalmente y que necesitarás llevar cuenta de las experiencias que tengas en el proceso. Esta será la forma en la que irás mejorando y en la que lograrás incorporar tu creatividad en los procesos.

La cocina es un arte, no una ciencia. Las recetas serán buenas guías para iniciarte en el proceso de hacer productos lácteos caseros, pero tu experiencia personal será la que le dará el toque de perfección a tus creaciones. Errores y aciertos, recetas y golpes de espontaneidad: todos estos factores harán de tu cocina el escenario de los productos únicos que podrás crear con un poco de paciencia y dedicación.

# ¿Qué ingredientes necesitas?

## Leche

Suena sencillo, pero no lo es tanto. Hoy en día encontramos, solamente en el supermercado, una gran variedad de tipos de leche. Para el propósito de los productos que te presentaré en este libro, nos concentraremos en la leche de vaca para la mantequilla, el yogurt y la gran mayoría de los quesos, y la leche de cabra para la producción específica del queso de cabra.

Como mi intención es adentrarte en el mundo de la leche y sus derivados, quiero recomendarte ingredientes que sean sencillos de conseguir. Por ello, te sugeriré la leche que puedes comprar en el supermercado: pasteurizada y, de preferencia, entera. Sin embargo, considera que muchos conocedores prefieren usar leche bronca –recién ordeñada y sin pasteurizar– para darle un sabor más genuino a sus productos.

También podrás utilizar, según tu preferencia, leche descremada o baja en grasa para algunos de los productos. Si quieres utilizar leche bronca, tus productos tendrán un sabor mucho más definido. Sin embargo, no incluimos recetas que requieran necesariamente este tipo de leche dada la dificultad que puedes tener para encontrarla.

Si vas a usar leche bronca, asegúrate que sea de un productor confiable. La salud del ganado es clave para garantizar que la leche esté libre de patógenos. Si no estás del todo seguro de la fuente de la leche, pero quieres usar leche bronca, intenta pasteurizarla en casa. Esto te garantizará una leche sana y mantendrá parte de las vitaminas y el sabor característico de la leche en su estado natural.

Como puedes ver, el ingrediente principal para hacer mantequillas, yogurt y quesos es muy fácil de conseguir. El único requisito necesario es no utilizar leche ultrapasteurizada, ya que será muy difícil conseguir un buen cuajo a partir de ella. El proceso que sufre esta leche no sólo purifica la leche de las bacterias consideradas dañinas, sino que destruye enzimas y proteínas que son necesarias para la realización del yogurt y del queso. La finalidad de procesar la leche de esta manera es simplemente darle mayor tiempo de almacenaje con propósito de venta, un aspecto que no es importante en la hechura de productos lácteos caseros.

Como he dicho, puedes usar leche baja en grasa o descremada para algunos productos. Sin embargo, te recomiendo utilizar leche entera, pues con ella te será más sencillo formar la cuajada. Cuando tengas más práctica, puedes experimentar con algún otro tipo de leche.

En algunas recetas notarás que te sugiero añadir un poco de leche en polvo. Esto tiene el propósito de espesar la leche y darle una textura más firme a algunos productos. Sin embargo, este ingrediente es opcional.


## Crema

Por crema me refiero a la contenida en la leche entera de vaca. Algunas veces, cuando abres un litro de leche entera, habrás notado una capa cremosa que se acumula en la superficie: ésta es la crema.

La leche adecuada para hacer quesos duros es aquella con mayor porcentaje de crema. En general, la leche suele tener alrededor de 3% de crema, aunque en el mercado podemos encontrar leche descremada y leche con crema reducida a uno o dos por ciento.

Algunas recetas de este libro requerirán que adquieras crema en lugar de leche. La crema que te recomiendo es aquella rica en grasa (40%) y que esté pasteurizada.

## Cultivos

Los cultivos de bacterias benéficas son básicos para la elaboración de los distintos derivados lácteos. Se utilizan para iniciar el proceso de crecimiento de bacterias que fermentarán la leche para convertirla en mantequilla, yogurt o queso.

Las bacterias aumentan la acidez en la leche creando ácido láctico mientras consumen la lactosa. Entre más tiempo dejemos crecer el cultivo, la leche se volverá más ácida y cuajará más. Éste es el primer paso para producir derivados lácteos.

Podemos encontrar dos tipos de cultivos lácticos: los mesófilos y los termófilos.

Los cultivos mesófilos trabajan a temperaturas bajas. En este tipo de procesos, el cuajo no se calienta a más de 40 °C, como el caso del queso gouda o el feta.

Los cultivos termófilos trabajan a temperaturas altas. En este tipo de procesos, el cuajo se calienta hasta a 56 °C, como es el caso del queso suizo y del mozzarella.

Si eres un principiante en la fabricación de productos lácteos, te recomendamos comprar los cultivos hechos; puedes congelarlos y usarlos según sea la ocasión. Ahora, si lo prefieres, puedes producir tus propios cultivos aunque esto conlleva procedimientos delicados que escapan al alcance de éste libro.

## Cuajo

El cuajo es una enzima que ayuda a la coagulación de la leche. Puede ser de origen vegetal o animal y viene en varias presentaciones (líquida o en tabletas).

El cuajo de origen animal se encuentra en las sustancias presentes en el estómago de los animales, mientras que el vegetal se encuentra en distintas plantas y mohos. Aunque se puede hacer cuajo en casa, te recomiendo empezar por comprarlo hecho.

Para iniciar, es recomendable hacerlo con cuajo vegetal en tabletas, ya que, a diferencia de la versión líquida, se pueden conservar en buen estado hasta por dos años si las conservas en una bolsa cerrada dentro de tu refrigerador. La ventaja de la versión en gotas es que tienes mayor control en la cantidad que agregas a tu mezcla.

Los queseros profesionales suelen preferir el uso de cuajo de origen animal porque, a pesar de ser más difícil de manejar, mejora el sabor del producto final.

Cada vez que uses este ingrediente, recuerda que tendrás que disolverlo previamente en un poco de agua sin clorar, un cuarto de taza será más que suficiente. Lo que puedes hacer es hervir el agua, esto será suficiente para no alterar la composición de la fórmula. Una vez disuelto el cuajo en el agua, déjalo reposar entre 20 y 30 minutos antes de agregarlo a la leche.

Si notas que no logras que la leche cuaje adecuadamente, revisa la fecha de caducidad del cuajo que estés usando.

## Cloruro de calcio

Este ingrediente no sería necesario si usaras leche bronca. La pasteurización hace que la textura de la leche sea más homogénea, esto resulta contraproducente para la formación del cuajo. Dado que considero que usarás leche pasteurizada, te recomiendo utilizar el cloruro de calcio para ayudar a la formación de la cuajada.

Recuerda que necesitarás diluir el cloruro de calcio en un poco de agua sin clorar antes de usarse. Con un cuarto de taza de agua será suficiente. Deja que la mezcla repose durante 20 o 30 minutos antes de agregarlo a la leche.

## Mohos y bacterias

Para realizar algunos quesos será necesario que agregues alguna bacteria o moho para ayudar a su fermentación y añejamiento. Algunos los agregarás en la mezcla de la leche y otros los rociarás en la superficie de tu queso. Estos elementos son los responsables de algunos de los matices de sabor más ricos y característicos de los quesos.

Según el tipo de queso que estés preparando será el tipo de moho o bacteria que necesites agregar. Por ejemplo, tenemos el *penicillium candidum* (usado en el queso brie) o el *penicillium roqueforti* (usado en el gorgonzola).

La mayoría de estos mohos o bacterias pueden conservarse en tu congelador durante 6 meses. Así que, en la medida en que te adentres en la hechura de los quesos más complejos, tendrás que habituarte a trabajar con estos ingredientes.

Los quesos que se hacen con mohos y bacterias son los más delicados y trabajosos. Ten paciencia y avanza poco a poco. Verás que pronto llegarás a dominar los distintos efectos que puedes provocar usando mohos y bacterias.

## Lipasa

La lipasa se utiliza en algunos casos para ayudar a crear una consistencia específica. Puedes conservarla por 6 meses en el refrigerador.

## Sal

Muchos quesos necesitan ser salados para adquirir su sabor característico. Existe sal para queso que puedes encontrar en lugares especializados. Sin embargo, lo único que necesitas es que la sal no esté yodada, de lo contrario, se impedirá el proceso de crecimiento de las bacterias en el queso. Una buena opción es la sal *kosher*.

## Ácidos

Algunas recetas requieren de la presencia de algún ácido para ayudar al proceso de coagulación de la leche. Encontrarás que en las recetas deberás agregar cosas sencillas como vinagre o jugo de limón. Esto es así ya que en ellos encontrarás los ácidos necesarios para este propósito.

## Agua

Lo único que necesitas cuidar es que el agua no esté clorada. Procura usar agua purificada sin clorar o hervir el agua que vas a usar en tus procesos.

# LOS QUESOS

# El queso: un alimento con gran variedad de características, sabores y procedencias

Pocos alimentos presentan a nuestro paladar tal variedad de texturas, colores y sabores. Sin duda, el queso es un alimento que está presente en las mejores mesas y es protagonista dentro de las más importantes tradiciones gastronómicas de la humanidad.

La gran variedad de quesos parte del origen mismo de la leche con la que son producidos. Encontramos quesos que usan leche de vaca, de búfalo, de cabra o hasta de oveja. Incluso la alimentación que llevan los animales antes de la ordeña es vital para el sabor final del queso, por esto, algunas variedades tradicionales con denominación de origen no pueden hacerse si no es con leche de los animales propios de la región.

Existe gran variedad de quesos que provienen de distintas regiones del mundo, con diferentes texturas, estilos, sabores, formas y niveles de acidificación, procesos de añejamiento y de secado, ingredientes adicionales como hierbas, aceites, frutos, etcétera. Cada uno de estos factores intervienen en el proceso de fabricación de los quesos y conlleva una nota que culmina en un matiz de sabor único, lo que hace de este mundo quesero una práctica apasionante.

Convertirte en un artesano quesero experto es una vocación que simplemente no puedes dejar atrás. El arte de hacer quesos se adquiere con la práctica; el conocimiento que adquieras te acompañará en cada nueva creación y siempre encontrarás nuevos horizontes que explorar.

Se cree que el queso se descubrió por accidente cuando se intentaba transportar leche usando como ánfora el estómago de un animal. Los ácidos y enzimas propios de este órgano animal cuajaron la leche, y qué sorpresa tan agradable se llevaron aquellos que pensaron encontrar leche y descubrieron uno de los manjares más sabrosos de la gastronomía mundial.

Posteriormente, el queso se utilizó como forma de enriquecer la alimentación y de preservar la leche y sus nutrientes para su transportación. Así, desde el momento en que se domesticaron los animales, el queso empezó a trabajarse y sofisticarse sin descanso hasta nuestros días.

Con el paso del tiempo, cada cultura fue creando sus propias recetas tradicionales para hacer quesos. Así, encontramos que, por ejemplo, en el Reino Unido podemos contar cerca de 700 variedades de quesos locales; en Francia e Italia cerca de 400 y así con cada nación a lo largo y ancho del planeta.

Como puedes ver, sería un despropósito tratar de enlistar todos los tipos de queso que existen. Del mismo modo, no hay una forma universalmente aceptada de clasificar los tipos de quesos. Tenemos los que prefieren enlistarlos de acuerdo al tiempo de añejamiento o a su proceso de producción, otros lo hacen atendiendo a su textura o a su región de origen. En este caso, seguiré un criterio mixto entre la textura y humedad y la forma de producción.

Ya que este libro pretende introducirte al mundo del queso, tomaré una de las clasificaciones más sencillas: quesos blandos, semiblandos, duros y azules.

Los quesos blandos suelen tener una mayor cantidad de humedad dado que su proceso de producción no suele incluir el paso del prensado. Los quesos semiblandos suelen prensarse ligeramente. Así, los quesos duros son los más complejos de realizar porque su proceso de producción conlleva prensado y, generalmente, algún tiempo de añejamiento. Por último, los quesos que llamamos azules, son aquellos que requieren el uso de bacterias y mohos para su preparación. Los llamamos así porque la acción de estos microorganismos provocan vetas o venas coloreadas muy características en este tipo de queso.

Como un extra, en este libro incluiré algunas recetas para productos lácteos diferentes al queso, como son las mantequillas y el yogurt, que son lácteos sencillos de preparar y que pueden complementar tu experiencia culinaria. Notarás que al preparar la mayoría de los quesos tendrás oportunidad de preparar otros productos con el suero que separes. Además, la preparación de algunos quesos conlleva tiempos de espera que seguramente querrás llenar con la preparación de otros deliciosos alimentos.

✓ Si no tienes mucha experiencia en la preparación de quesos, o no te sientes con la seguridad necesaria, lo ideal es que inicies tu aprendizaje con el capítulo de mantequillas, continúes con el de yogurt y culmines con los quesos suaves, ya que éstos son más sencillos de preparar.

# Quesos: procedimiento básico para su preparación

Según su categoría, podemos encontrar cientos o miles de variantes de quesos. Este nutritivo y delicioso alimento ha acompañado a la humanidad por más de 4 000 años. Cada cultura que ha adoptado al queso dentro de sus tradiciones gastronómicas ha encontrado, poco a poco, su propio estilo y tradición quesera. Es así como podemos encontrar quesos que representan regiones y naciones específicas: quesos suizos, holandeses, italianos y, por supuesto, mexicanos.

Muchos factores inciden en los quesos que encontramos en cada región del mundo: la geografía, la agricultura, la ganadería, el clima y los gustos gastronómicos. Hay quesos hechos a partir de la leche de una gran variedad de animales; quesos que contienen especias o ingredientes regionales; quesos que requieren un proceso tradicional de varias semanas y quesos realmente sencillos de preparar.

El ingrediente principal del queso es la leche. Así, si la leche es de vaca, de oveja, de búfalo o de cabra, el sabor variará enormemente. También influye el tipo de alimentación que hayan tenido y la forma en la que se haya procesado la leche.

Existe una gran variedad de quesos que son imposibles de reproducir en casa. Desde los que tienen una denominación de origen pues su proceso de manufactura implica elementos que sólo se encuentran en una determinada región del planeta (como es el caso del queso roquefort, añejado en las cuevas roquefort al sur de Francia), hasta los que llevan un proceso industrial que es imposible reproducir en una cocina convencional (como el queso americano). Sin embargo, existen muchos quesos que sí podrás hacer en casa.

Cuando encuentres tus quesos favoritos, investiga un poco de su historia y su origen. Esto te ayudará a entender su proceso de manufactura ya que la producción de queso está ligada a la cultura que lo inventó. Así, aprenderás un poco sobre los artesanos queseros originales y su estilo de vida mientras perfeccionas el procedimiento para replicar sus creaciones.

La elaboración del queso varía dependiendo del tipo a realizar. Sin embargo, podemos distinguir tres procesos clave: la coagulación o cuajado de la leche, la deshidratación de la cuajada y la maduración de la misma. Todos los quesos atraviesan por estos pasos, salvo los quesos frescos, que técnicamente no se maduran.

Cada uno de estos pasos básicos tiene, a su vez, un procedimiento específico que varía, como he dicho, según el queso a realizar. Por eso, los procesos para realizar cada tipo de queso son diferentes y requieren práctica.

A continuación detallaré los pasos más comunes en la elaboración del queso. En las recetas que encontrarás a continuación hallarás estos mismos pasos con breves explicaciones y algunas variantes relativas al queso en cuestión. Si tienes alguna duda, regresa a este capítulo para obtener más información sobre el procedimiento descrito.

## Calentar la leche

Antes que nada debemos hablar sobre el tipo de leche que puedes utilizar cuando piensas hacer queso. Los expertos suelen preferir la leche bronca (fresca, de granja y sin pasteurizar) para acentuar el sabor en ciertos quesos. Algunas de las recetas tradicionales piden que uses este tipo de leche. Si piensas hacerlo, consigue leche de una granja que sea de tu entera confianza, pues existe riesgo de que la leche contenga microorganismos dañinos para la salud.

En general, el primer paso para hacer cualquier queso es calentar la leche. La temperatura y el tiempo que vas a invertir en este paso depende enteramente del tipo que estés preparando.

La mejor manera de calentar la leche es usando una olla especial para baño maría. Esta olla calienta la leche en forma indirecta, por lo que el calor se distribuye uniformemente y es relativamente sencillo mantener un control sobre la temperatura. Si no puedes adquirir una olla como ésta, puedes intentar usar la técnica del baño maría utilizando dos ollas normales.

Si decides calentar la leche en forma directa en una olla, procura que ésta tenga un fondo reforzado y alguna tecnología probada para la distribución uniforme del calor. De todos modos, es necesario que remuevas la leche constantemente para evitar variaciones en el proceso.

## Agregar el cultivo

En general, el cultivo se agrega luego de calentar la leche. La clave en este proceso es mezclarlo bien para iniciar un proceso lo más homogéneo posible.

## Coagulación de la leche

Una vez agregado el cultivo, se le deja trabajar por cierto periodo de tiempo según el queso a preparar. En algunos casos se agrega un cuajo o algún ácido para ayudar a conseguir la cuajada. Nuevamente, es muy importante que mezcles suavemente los ingredientes, con un movimiento envolvente de arriba abajo, para que estén perfectamente distribuidos en la leche.

Una vez agregados los ingredientes, la leche se dejará reposar a cierta temperatura y durante un tiempo, según el queso que deseamos preparar.

✓ Algunas recetas sugieren que se diluya el factor coagulante previamente en un cuarto de taza con agua fría sin clorar y se deje reposar de 20 a 30 minutos. Esto ayuda a disolver e integrarlo en la leche.

## Cortar la cuajada

El coagulante provocará el inicio del proceso de maduración de la leche. Poco a poco notarás que se hace más y más espesa hasta que su consistencia se asemeja más a la de un flan que a la del yogurt.

Aprenderás a reconocer el momento para cortar la cuajada con la experiencia. Mientras esto sucede, procura guiarte por el aspecto de la cuajada, el tiempo estimado en la receta que estés siguiendo y la prueba de corte.

La prueba de corte consiste en introducir en la cuajada un cuchillo de cuajada o espátula y ver si sale limpio. También puedes hacer la prueba con tu dedo: si puedes romper la superficie, introducir el dedo y sacarlo limpio, tu cuajada está lista para ser cortada.

Ten cuidado porque, así como puedes intentar cortar la cuajada antes de tiempo, también puedes dejarla cuajar de más. La cuajada debe estar suave, si notas que cuando haces la prueba de corte ésta se siente dura o pastosa, probablemente has esperado demasiado. Recuerda que la experiencia hace al maestro. Una forma de evitar que se pase de tiempo la cuajada es hacer pruebas de corte con no más de 5 minutos de espera entre ellas.

La cuajada se corta de distintas maneras dependiendo del queso que quieras realizar. El propósito es separar el suero de la mezcla, así que algunas recetas requerirán más cortes que otras.

Los cortes suelen hacerse siguiendo sencillas reglas que dependen del tamaño en que deben quedar cada uno de los pedazos de cuajada. Por ejemplo, si buscamos pedazos de 2 centímetros (cm), haremos un corte que vaya desde la superficie de la cuajada hasta el fondo de la olla y que la parta en dos (si es una olla circular este corte marcaría el diámetro de la olla. Posteriormente, haríamos cortes paralelos a éste en el resto de la cuajada, dejando una separación de 2 cm entre cada uno. Luego repetiríamos la operación con líneas que crucen a 90° las anteriores, quedándonos una cuadrícula de 2 cm por lado.

Una vez hechos estos cortes, se deben hacer otros siguiendo cada una de las líneas anteriores (tanto las verticales como las horizontales) en ángulo de 45° respecto a la superficie de la cuajada, empezando ahí y llegando hasta los laterales de la olla. Así, cada pedazo de cuajada tendría una figura de diamante con una cabeza de 2 cm por lado.

Una vez cortada la cuajada, se revuelve suavemente para que los pedazos del fondo pasen a la parte de arriba. En este proceso debemos fijarnos si alguno de ellos es más grande de lo indicado para remediarlo cortándolo al tamaño ideal. Tener los cortes de tamaño similar permitirá que el drenado se haga en forma homogénea y mejorará la calidad del queso.

## Cocinar la cuajada

La cuajada se cocina para separar más suero de ella. La temperatura y el tiempo que invertirás en este paso dependerá del tipo de queso que quieras realizar. Al cocinarlos, tendrás que removerlos suavemente para no trozarlos o sacarles demasiado suero.

## Drenar la cuajada

En general, este proceso se hace utilizando un colador recubierto con dos capas de estopilla. Sin embargo, encontrarás variantes según el tipo de queso que estés preparando.

Además, de acuerdo con el estilo de queso que hagas, este paso tendrá las siguientes modificaciones:

- *Quesos blandos.* Se hace una bolsa con la tela para colar y se cuelga para dejar que el suero drene.
- *Queso madurado por medio de bacterias.* Este tipo de queso requiere el uso de un molde aunque no necesita ser prensado. Se coloca la cuajada en el molde abierto por ambos extremos, y, en cada uno de ellos, una estera y un par de tablas de madera para drenado. Así, el suero puede escurrir entre la estera y podrás darle la vuelta al queso para que el drenado sea homogéneo.
- *Quesos duros.* El drenado de quesos duros depende de cada tipo de queso.

## Moler el queso

Algunas recetas requerirán que troces los pedazos de cuajada a mano. Al hacer esto procura hacerlo suavemente y no exprimirlos para que no pierdan la grasa de su interior.

## Salar el queso

Muchas recetas requieren algo de sal, pues resalta el sabor del queso y retarda el crecimiento de microorganismos dañinos, por lo que hace que el queso tenga mayor duración.

La sal utilizada para este proceso deberá ser de buena calidad: en forma de cristales, blanca, sin olor alguno y totalmente soluble en agua.

La forma y la cantidad de agregar la sal dependerá del tipo de queso que estés preparando. En general, hay dos metodologías para salar queso: salado por salmuera y salado directo.

### Salado por salmuera

La salmuera es agua con sal y la concentración variará según el queso que quieras preparar. Algunos quesos requieren una salmuera con poca sal mientras que otros necesitan una solución de alta saturación.

Una salmuera saturada se prepara agregando sal en una proporción aproximada de 800 gramos (g) por cada 3 litros de agua. Para lograrlo, disuelve la sal hasta que el agua esté a punto de hervir y ésta no pueda absorberla más. La retiras del fuego, la dejas enfriar y la refrigeras. En ese momento tendrás una salmuera saturada.

Puedes reutilizar tu salmuera. Simplemente hiérvela y agrega un poco más de sal para compensar la que se utilizó al salar tu queso.

*Salado directo*

Los quesos blandos suelen salarse de esta manera. Simplemente sacas los pedazos de cuajada de su bolsa de drenado y los colocas en un tazón. Ahí viertes la sal y revuelves suavemente. Este proceso se hace al gusto de cada quien.

Para los quesos duros, la sal se agrega una vez que se ha molido la cuajada. Nuevamente tendrás que remover suavemente la mezcla para que se integre homogéneamente.

## Moldear y prensar el queso

La mayoría de los quesos duros requerirán este paso. Al moldearlos y prensarlos se drenarán aún más y adquirirán la forma definitiva que ostentarán al final del proceso de preparación.

Sin embargo, muchos quesos no necesitarán ser prensados, como sucede con los quesos blandos, semiblandos y algunos quesos maduros o añejos. En estos casos, la cuajada se pasa cuidadosamente a los moldes recubiertos con alguna tela para drenado.

Para los quesos que necesitan perder más humedad, se usa el proceso de prensado. Para este proceso se utiliza peso y tiempo. Dependiendo del tipo de queso y de la textura deseada, se agrega cierta cantidad de peso por determinados periodos de tiempo.

El proceso de prensado es muy sencillo:

- Se coloca un molde recubierto por alguna tela para drenado.

- La cuajada molida se pasa a una bandeja para que escurra el resto del suero. De ahí se pasa al molde cuidadosamente con una cuchara.
- Se recubre el molde con otro pedazo de tela para drenado.
- Se coloca una tapa ajustada al tamaño del molde sobre la tela (esta pieza servirá como la cabeza del pistón o émbolo de la prensa).
- Se aplica peso gradualmente sobre la tapa.
- Se abre el molde, se saca el queso del recubrimiento de tela, se le da la vuelta y se recubre y prensa nuevamente.

## Secar el queso

Algunos quesos necesitan reposar y secarse luego de ser prensados. Para hacer esto, simplemente se deja reposar el queso a temperatura ambiente sobre una estera por un tiempo determinado, dependiendo del tipo que estés preparando.

## Protección para añejar el queso

Algunos quesos requieren un proceso adicional de añejamiento. Para ello es necesario protegerlos con algún procedimiento como los que te menciono a continuación:

## Vendajes

Este sencillo procedimiento utiliza muselina especial para vendar el queso y proteger su superficie en el proceso de envejecimiento y formar una corteza.

- Corta cuatro pedazos de tela ligeramente más grandes que la parte de arriba y el fondo de tu queso.
- Corta dos pedazos de tela que puedan cubrir los laterales de tu queso.
- Frota el queso con un poco de manteca vegetal, esto ayudará a que la tela se adhiera a éste.
- Cubre con vendas el queso según los requerimientos específicos para cada tipo.

## Corteza natural

El proceso natural de envejecimiento de un queso formará una corteza al secarse el exterior y entrar en contacto con el medio ambiente. La humedad tiende a evaporarse con el paso del tiempo y esto hace que la corteza se endurezca, formando una capa protectora natural en tu queso.

La clave en este proceso es mantener el queso limpio para mantenerlo en buen estado. Para ello, puedes usar un poco de tela con vinagre o salmuera para limpiar regularmente la superficie de tu queso.

*Cera para queso*

La cera es un buen método para mantener la humedad deseada en el queso. Algunos quesos llevan esta protección porque la receta lo requiere; otros pueden llevarla según la circunstancia. Un ejemplo de este último caso es el queso suizo. Si preparamos más de un kilo, el tamaño hace que el centro mantenga naturalmente su humedad; si preparamos porciones más pequeñas, es recomendable encerarlas para que no se sequen y endurezcan. El proceso de encerado es el siguiente:

- Refrigera el queso.
- Derrite la cera para queso utilizando la técnica del baño maría. Necesitarás una olla que dediques específicamente para la preparación de la cera ya que es probable que no puedas limpiarla a la perfección.
- Calienta la cera hasta los 120 °C. Esta temperatura matará cualquier bacteria que se encuentre en la superficie de tu queso.
- Limpia la superficie de tu queso con una tela mojada en vinagre o salmuera.
- Sumerge el queso en la cera o cúbrelo con ésta utilizando una brocha de cerdas naturales. Si utilizas una brocha, ésta será muy difícil de limpiar, por lo que es recomendable que la dediques específicamente a la tarea de encerar quesos.

Si decidiste sumergir el queso en la cera, utiliza guantes de plástico y húndelo hasta la mitad. Espera a que se endurezca la cera y sumerge la otra mitad. Repite el proceso para que el queso tenga al menos dos capas de cera.

Si decidiste aplicar la cera con una brocha, hazlo en la mitad de arriba del queso. Espera a que se endurezca la cera, dale la vuelta y aplica la cera en la otra mitad. Repite el proceso para que el queso tenga al menos dos capas de cera.

La cera de tus quesos puede reutilizarse, simplemente vuelve a derretirla y estará lista.

✓ Recuerda etiquetar tus quesos encerados para que puedas reconocerlos.

## Añejar el queso

Los tiempos de añejamiento dependen del tipo de queso. Pueden variar de unas horas a varios años. La clave para ello es el control de los factores medioambientales como la temperatura y la humedad. Estos factores afectan el crecimiento de moho y bacterias que le darán su sabor característico a los quesos añejos.

Muchos quesos se añejan en cuevas porque en ellas encuentras bajas temperaturas (entre 7 y 15 °C) y altos porcentajes de humedad (75 a 95%). Para hacer esto en casa, necesitarías un refrigerador dedicado a este proceso para poder mantener las condiciones necesarias en forma constante.

Recuerda que éstos son los pasos básicos para hacer la gran mayoría de los quesos que contiene este libro. Sin embargo, algunos de ellos requerirán pasos adicionales o adaptaciones que no deben preocuparte pues te los indicaré cuando sea necesario. Mientras tanto, pon manos a la obra y disfruta de preparar tus propios quesos.

# Quesos blandos

Los quesos blandos son los más sencillos de hacer en casa puesto que no requieren equipo especializado ni largos procesos de añejamiento.

Además, te ofrecen una gran variedad de sabores ya que puedes adicionarlos con especias, hierbas y otros ingredientes que los dotarán de un sabor único.

En conclusión, son la mejor manera de introducirte al mundo de la preparación de quesos caseros y de explotar tu creatividad mientras dominas el arte del queso artesanal.

## Queso crema simple

*Ingredientes*

| | |
|---|---|
| 1 | *litro de leche entera* |
| 1 | *litro de crema entera* |
| ½ | *cucharadita de cultivo mesófilo* |
| 2 | *gotas de cuajo o ¼ de tableta de cuajo vegetal disueltos en ¼ de taza de agua fría sin clorar* |
| | *Sal al gusto* |

*Instrucciones*

1. Mezcla la leche y la crema en una olla de acero inoxidable.

2.  Calienta la mezcla a baño maría hasta alcanzar una temperatura de 22 °C.
3.  Agrega el cultivo y mezcla hasta integrar.
4.  Agrega el cuajo y mezcla hasta integrar.
5.  Cubre la olla y déjala reposar a temperatura ambiente, alejada de corrientes de aire y del sol por 24 horas. Deberá adquirir una consistencia parecida al yogurt.
6.  Prepara un colador con una doble capa de tela para drenado. Asegúrate de que la tela sea suficientemente grande para poder contener el queso y atar las esquinas para formar una bolsa con ella.
7.  Pasa el queso al colador y amarra las puntas de la tela para crear la bolsa de drenado.
8.  Cuélgala sobre una olla usando una cuchara insertada en el nudo o con un gancho.
9.  Deja que el queso se escurra a temperatura ambiente por 12 horas o hasta que deje de escurrir. Asegúrate de que lo haga sobre un recipiente para no perder el suero desprendido.
10. Cuando termine de escurrirse, tendrás una cuajada relativamente sólida. Pásala a un tazón y agrega, si lo deseas, sal y otro ingrediente para darle el sabor de tu preferencia a tu queso crema. Revuélvelo bien.

## Queso crema seco

Este variante del queso crema queda un poco más seco, lo que lo hace ideal para preparar postres como el pay de queso.

*Ingredientes*

2    litros de crema ligera

½    cucharadita de cultivo mesófilo

2    gotas de cuajo o ¼ de tableta de cuajo vegetal
      disueltos en ¼ de taza de agua fría sin clorar
      Sal al gusto

*Instrucciones*

1. Calienta la crema a baño maría hasta alcanzar una temperatura de 30 °C.
2. Agrega el cultivo y mezcla hasta integrar.
3. Agrega el cuajo y mezcla hasta integrar.
4. Cubre la olla y déjala reposar a temperatura ambiente, alejada de corrientes de aire y del sol por 12 horas.
5. Calienta la cuajada a baño maría hasta alcanzar una temperatura de 52 °C.
6. Prepara un colador con una doble capa de tela para drenado. Asegúrate de que la tela sea suficientemente grande para poder contener el queso y atar las esquinas para formar una bolsa con ella.
7. Pasa el queso al colador y amarra las puntas de la tela para crear la bolsa de drenado.
8. Cuélgala sobre una olla usando una cuchara insertada en el nudo o con un gancho.
9. Deja que el queso se escurra a temperatura ambiente por 12 horas o hasta que deje de escurrir. Asegúrate de que lo haga sobre un recipiente para no perder el suero desprendido.
10. Cuando termine de escurrirse, tendrás una cuajada relativamente sólida. Pásala a un tazón y agrega, si lo

deseas, sal y otro ingrediente para darle el sabor de tu preferencia a tu queso crema. Revuélvelo bien.

# Queso de cabra

La leche de cabra tiene una menor concentración de grasa que la leche de vaca. Esto dota al queso de cabra de un peculiar sabor que lo hace muy popular en el mercado. Además, como con el queso crema, puedes consumirlo solo o mezclarlo con ingredientes que le den un toque personal a tus recetas.

*Ingredientes*
- 1    *galón de leche de cabra*
- ½    *taza de jugo de limón o vinagre de sidra*

*Instrucciones*
1. Calienta la leche lentamente a baño maría en una olla de acero inoxidable hasta alcanzar la temperatura de 85 °C. Remuévela frecuentemente.
2. Una vez alcanzados los 85 °C, mantén la temperatura constante por 10 minutos.
3. Saca la olla del fuego, métela en agua fría y deja que la leche se enfríe hasta alcanzar los 38 °C (puedes dejar que se enfríe a temperatura ambiente pero este proceso es más tardado).
4. Lentamente, agrega la mitad del jugo de limón o el vinagre. La leche empezará a coagularse formando bolitas parecidas al queso cottage. Si esto no sucede, agrega la otra mitad del jugo de limón o vinagre.

5. Prepara un colador con una doble capa de tela para drenar queso lo suficientemente grande para poder contener la cuajada, amarrar sus esquinas entre sí y formar una bolsa de drenado. Coloca el colador sobre una olla para recibir el suero.

6. Una vez que se haya separado la cuajada del suero, sepárala cuidadosamente con una cuchara y pásala al colador (también puedes verter todo el contenido de la olla sobre el colador pero es mejor si logras hacerlo con la cuchara: ayudará a que el drenado sea más eficiente).

7. Deja que la cuajada se escurra durante 10 minutos antes de amarrar la tela para crear la bolsa de drenado.

8. Cuelga la bolsa de drenado con el queso sobre la olla y déjala escurrir por 6 horas. Notarás que el queso adquiere la consistencia deseada.

9. Pasa el queso a un tazón y agrega, si lo deseas, un poco de sal. Una vez mezclado con la sal puedes agregar pimienta o cualquier otro ingrediente de tu preferencia.

10. Puedes servir tu queso inmediatamente o refrigerarlo en un recipiente bien tapado, te durará hasta una semana.

## Chèvre

Este queso tarda más en prepararse, pero una vez que lo pruebes sabrás que ha valido la pena. Al final, tendrás un queso recubierto por una pelusilla blanca. El sabor generado por el proceso de maduración hace que este queso francés sea, por sí mismo, un manjar digno del mejor vino blanco que puedas encontrar. Prueba untarlo en un buen pan francés y verás la delicia que te depara.

## Ingredientes

| | |
|---|---|
| 1 | galón de leche de cabra entera |
| ¼ | cucharadita de cultivo mesófilo |
| ⅛ | cucharadita de cloruro de calcio disuelto en ¼ de taza de agua fría sin clorar |
| 2 | gotas de cuajo o ¼ de tableta de cuajo vegetal disueltos en ¼ de taza de agua fría sin clorar |
| ⅛ | cucharadita de penicillium candidum |

## Instrucciones

1. Calienta la leche a baño maría en una olla de acero inoxidable hasta alcanzar la temperatura de 30 °C.
2. Agrega el cultivo y mezcla bien.
3. Agrega el cloruro de calcio y mezcla bien.
4. Agrega el *penicillium candidum* y mezcla bien.
5. Agrega 2 cucharadas de la mezcla del cuajo y mezcla bien.
6. Cubre la olla y déjala reposar a temperatura ambiente por un periodo entre 18 y 24 horas. Deberás notar que la cuajada tiene una consistencia parecida a un yogurt espeso.
7. Prepara un colador con una doble capa de tela para drenar queso lo suficientemente grande para poder contener la cuajada, amarrar sus esquinas entre sí y formar una bolsa de drenado. Coloca el colador sobre una olla para recibir el suero.

8. Una vez que se haya separado la cuajada del suero, sepárala cuidadosamente con una cuchara y pásala al colador. (También puedes verter todo el contenido de la olla sobre el colador pero es mejor si logras hacerlo con la cuchara: ayudará a que el drenado sea más eficiente).

9. Deja que la cuajada se escurra durante 10 minutos.

10. Pasa la cuajada a moldes pequeños y colócalos sobre una estera de drenado. Déjalos reposar a temperatura ambiente por 2 días.

11. Saca los quesos de los moldes y ponlos sobre una estera (en este punto puede ser que el moho ya se alcance a percibir a simple vista).

12. Mete la estera con los quesos en una bolsa de plástico grande que puedas inflar y cerrar. Esto ayudará a protegerlos de microorganismos dañinos.

13. Deja reposar los quesos dentro de las bolsas a temperatura ambiente por dos o tres días. Asegúrate de que estén fuera del alcance de la luz solar.

14. Saca los quesos de la bolsa de plástico y pásalos a tu refrigerador para que maduren por unas dos o tres semanas.

15. Entre más tiempo dejes que el moho crezca, el sabor del queso se hará más característico. Sin embargo, desde que aparece la pelusilla en la superficie, el queso puede consumirse sin ningún problema.

# Queso fresco

Este queso tradicional mexicano no puede faltar en tu lista de recetas caseras. El queso fresco suele prepararse en las rancherías con leche bronca, de ahí que su sabor sea muy definido y rico. El queso fresco que encuentras en los supermercados carece de las notas de sabor que podrías encontrar en este clásico de la cocina mexicana hecho en casa, aún si lo preparas con leche pasteurizada. Te invito a que lo pruebes, no te arrepentirás.

## Ingredientes

1    galón de leche entera de vaca
1    tableta de cuajo vegetal disuelta en ¼ de taza
     de agua fría sin clorar (puedes sustituirla con
     una cucharada de vinagre blanco, aunque te
     recomendamos, de preferencia, usar cuajo)
     Sal al gusto

## Instrucciones

1. Calienta la leche en una olla de acero inoxidable a baño maría hasta alcanzar los 43 °C.
2. Agrega el cuajo disuelto en agua y mezcla cuidadosamente hasta integrar.
3. Deja reposar la mezcla una hora. Notarás que se forma la cuajada con una consistencia similar a la del yogurt.
4. Realiza una prueba de corte. Deberás ser capaz de introducir tu dedo o un cuchillo y sacarlo limpio.
5. Corta la cuajada en cubos de 2.5 cm por lado.

6. Prepara un colador recubierto por dos capas de tela para drenado. Asegúrate de que la tela sea lo suficientemente grande como para poder amarrar sus esquinas entre sí y formar una bolsa. Coloca el colador sobre una olla para que escurra el suero en ella.

7. Vierte la cuajada en el colador y déjalo escurrir durante 10 minutos.

8. Amarra las esquinas de la tela y forma una bolsa para drenado.

9. Retuerce la bolsa para aplicar presión al queso y drenar todo el suero posible.

10. Cuando deje de escurrir, pasa la cuajada a un tazón y agrega sal al gusto.

11. Con tus dedos, muele la cuajada hasta que logres desmoronarlo por completo.

12. Agrega y mezcla, si es de tu gusto, un poco de epazote molido o trocitos de jalapeño para darle un giro especial a tu queso.

13. Vuelve a envolver el queso en la tela y forma una bolsa para drenado. Cuelga la bolsa sobre una olla y déjala ahí durante hora y media.

14. Desenvuelve tu queso y, ya sea en un tazón o en un molde, déjalo reposar otra hora. Refrigéralo al término de este tiempo.

## Queso cottage

Probablemente este es uno de los quesos más sencillos de preparar y que superan en calidad, por un gran margen, a los que puedes adquirir en un supermercado. Una vez que pruebes el queso cottage hecho en casa, no sabrás cómo alguien puede comprar su versión industrializada.

## Ingredientes

1     *galón de leche (entera o semidescremada)*
⅛     *cucharadita de cloruro de calcio disuelto en ¼ de taza de agua fría sin clorar*
½     *cucharadita de cultivo mesófilo*
2-4    *cucharadas de crema entera (opcional)*
     *Sal al gusto*

## Instrucciones

1. Calienta la leche en una olla de acero inoxidable a baño maría hasta que alcance una temperatura de 22 °C.
2. Agrega el cloruro de calcio y mezcla hasta integrar.
3. Agrega el cultivo y mezcla hasta integrar.
4. Cubre la olla y déjala reposar a temperatura ambiente por 16 horas.
5. Deberás tener una cuajada firme que supere la prueba de corte (deberás ser capaz de insertar tu dedo o un cuchillo para cuajada rompiendo la corteza y sacándolo limpio).
6. Corta la cuajada en cubos de un centímetro.
7. Déjala reposar la cuajada cortada unos 20 minutos para que más suero se separe de ella.
8. Calienta la olla nuevamente a baño maría. Sube la temperatura muy lentamente hasta alcanzar los 43 °C (deberá tomarte unos 45 minutos).
9. Cada 5 minutos, remueve la cuajada con mucho cuidado, tratando de pasar los pedazos del fondo a la parte de arriba.

10. Mantén la temperatura constante entre los 43 y 44 °C durante 30 minutos. Notarás que la cuajada comenzará a expulsar más suero, volviéndose cada vez más firme.

11. Prueba la consistencia de uno de los pedazos con tus dedos. Deberá sentirse firme y no pastosa. Si no es así, continúa cocinándola unos minutos más.

12. Una vez alcanzada la consistencia deseada, retira la olla del fuego y déjala reposar durante 15 minutos; la cuajada y el suero se verán claramente separados.

13. Prepara un colador con una doble capa de tela para drenar queso lo suficientemente grande para poder contener la cuajada, amarrar sus esquinas entre sí y formar una bolsa de drenado. Coloca el colador sobre una olla para recibir el suero.

14. Con mucho cuidado, pasa la cuajada al colador utilizando una cuchara. Déjala que escurra 10 minutos.

15. Forma la bolsa de drenado amarrando las esquinas de la tela para drenar.

16. Cuelga la bolsa sobre una olla y déjala escurrir 15 minutos. Mientras tanto, prepara una olla con agua fría.

17. Sumerge la bolsa en el agua fría y colócala de nuevo sobre el colador. Déjala escurrir 10 minutos más.

18. Abre la bolsa y pasa la cuajada a un tazón. Para este momento, deberá estar muy firme.

19. Muele la cuajada a mano.

20. Si así lo deseas, puedes agregar sal o cualquier otro ingrediente que gustes. Mezcla bien para integrar.

21. Puedes servir el queso en este momento. Si lo encuentras seco, puedes agregar justo al momento de servir un poco de crema.

# Feta

Este queso de origen griego es relativamente sencillo de hacer y será el complemento perfecto para tus ensaladas. Gracias a su sabor salado, también puede ser ideal para preparar distintos tipos de sándwiches.

Tradicionalmente el queso feta se hace con leche de oveja; hoy lo más común es hacerlo a partir de leche de cabra. Si encuentras leche de oveja disponible, intenta hacer un poco de queso feta con la receta original.

## Ingredientes

| | |
|---|---|
| 1 | galón de leche entera de cabra |
| ¼ | cucharadita de lipasa disuelta y reposada 20 minutos en ¼ de taza de agua fría sin clorar |
| ⅛ | cucharadita de cloruro de calcio disuelto y reposado 20 minutos en ¼ de taza de agua fría sin clorar |
| ½ | cucharadita de cultivo mesófilo en polvo |
| ½ | tableta de cuajo vegetal disuelta en ¼ de taza de agua fría sin clorar |
| | Sal |

## Instrucciones

1. Vierte la leche en una olla de acero inoxidable, agrega la lipasa y mézclala hasta integrar por completo (esta enzima ayudará a formar la cuajada aunque no es estrictamente necesaria, dependerá de tu preferencia personal y del nivel de experiencia que tengas en el proceso de hacer este tipo de queso).
2. Calienta la leche a baño maría hasta alcanzar los 30 °C.

3. Agrega el cloruro de calcio y mezcla hasta integrar (nuevamente, este paso es opcional dependiendo del nivel de destreza que hayas alcanzado en lograr una cuajada de calidad).
4. Agrega el cultivo mesófilo y mezcla hasta integrar.
5. Agrega el cuajo y mezcla hasta integrar con movimientos delicados.
6. Cubre la olla y déjala reposar por una hora manteniendo la temperatura estable. Notarás que la cuajada adquiere una consistencia parecida a un yogurt firme.
7. Corta la cuajada en cubos de 2.5 cm por lado.
8. Deja reposar la cuajada 15 minutos.
9. Remueve cuidadosamente la cuajada durante 15 minutos mientras mantienes la temperatura constante a 30°C, procura pasar los pedazos de abajo a la parte de arriba para que así todos se calienten homogéneamente.
10. Prepara un colador forrado con una doble capa de tela para drenar queso. Asegúrate de que la tela sea lo suficientemente grande como para contener la cuajada y poder amarrar sus esquinas entre sí para formar una bolsa de drenado. Coloca el colador sobre una olla para recibir el suero.
11. Pasa la cuajada al colador usando cuidadosamente una cuchara. También puedes verter tanto la cuajada como el suero en el colador directamente.
12. Deja escurrir la cuajada en el colador 10 minutos.
13. Ata las esquinas de la tela para drenar queso formando una bolsa. Cuélgala sobre la olla usando un gancho o introduciendo una cuchara a través del nudo y déjala escurrir 6 horas.

14. Saca los pedazos de cuajada y colócalos sobre una tabla para cortar. Asegúrate de que cada cubo mida aproximadamente 2.5 cm; si encuentras algunos más grandes, córtalos al tamaño indicado.
15. Agrega sal al gusto.
16. Pasa la cuajada a una olla, tápala y métela en el refrigerador durante 5 días.
17. El queso feta puede durar hasta dos semanas en tu refrigerador.

✓ Recuerda dejar reposar todas las sustancias disueltas en agua al menos 20 minutos antes de usarlas.

## Queso de granja

Sin duda el queso de granja es un clásico por la sencillez de su preparación. Encontrarás múltiples recetas para hacerlo, aquí te presento una de ellas.

*Ingredientes*
1    *galón de leche entera*
1    *taza de yogurt casero a temperatura ambiente*
2    *gotas de cuajo o ¼ de tableta de cuajo vegetal disueltos en ¼ de taza de agua fría sin clorar*
     *Sal al gusto*

*Instrucciones*
1. Calienta la leche en una olla de acero inoxidable a baño maría hasta alcanzar la temperatura de 35 °C.
2. Agrega el yogurt y mezcla bien.

3. Agrega lentamente el cuajo y mezcla hasta integrar.

4. Retira la olla del fuego, cúbrela y déjala reposar a temperatura ambiente por una hora.

5. Revisa si la cuajada ha adquirido una textura similar a la del flan, si no es así, déjala reposar otra media hora.

6. Una vez formada la cuajada, córtala en pedazos de 2.5 cm por lado. Déjala reposar durante 15 minutos.

7. Calienta la olla nuevamente a baño maría. Eleva la temperatura gradualmente hasta alcanzar los 43 °C, deberás tardar aproximadamente 30 minutos en este proceso.

8. Mientras calientas la olla, remueve cuidadosamente la cuajada para llevar los pedazos del fondo a la parte de arriba. Esto hará que el calor se distribuya uniformemente. Remueve la cuajada regularmente durante todo este proceso.

9. Una vez alcanzados los 43 °C, mantén la temperatura constante entre 20 y 30 minutos más. Notarás que la cuajada se hace cada vez más firme.

10. Prepara un colador con una doble capa de tela para drenar queso lo suficientemente grande para poder contener la cuajada, amarrar sus esquinas entre sí y formar una bolsa de drenado. Coloca el colador sobre una olla para recibir el suero.

11. Pasa la cuajada al colador y déjala escurrir durante una hora o hasta que deje de caer suero.

12. Pasa la cuajada a un tazón y, si lo deseas, agrega un poco de sal. Mezcla bien para integrar.

13. Sobre una bandeja, coloca moldes para queso forrados con una doble capa de estopilla. Procura que la tela sea lo suficientemente grande como para poder

contener el queso y recubrir la parte superior del molde. Estos moldes deberán tener una tapa que les ajuste bien para poder prensar el queso.

14. Vierte el queso en los moldes y tápalo con la tela de drenado.

15. Ajusta la tapa sobre los moldes y coloca un kilo sobre ella (usa un frasco con agua o alguna lata).

16. Coloca el queso en el refrigerador y deja que se comprima por espacio de 4 horas.

17. Saca el queso del molde y retira la tela. El queso está listo para servirse.

18. Puedes guardar el queso dentro de un recipiente bien tapado en tu refrigerador, deberá durarte una semana.

## Paneer

Este queso de origen indio es la estrella dentro de innumerables platillos de la gastronomía de aquella región. Como esta cocina tiende a ser vegetariana, este queso abundante en proteínas, tiene un sabor rico y protagónico. Aquí te presentamos una receta sencilla para prepararlo en casa.

*Ingredientes*
1    *galón de leche entera*
      *Jugo de un limón (puede ser que necesites dos limones)*

*Instrucciones*
1.   Calienta la leche hasta que hierva removiéndola constantemente. Usa una olla de acero inoxidable y colócala directamente sobre el fuego.

2. Retira la olla de la flama y deja que la espuma baje un poco antes de continuar.

3. Vierte el jugo de limón en la leche y mezcla hasta integrar.

4. Regresa la olla al fuego y calienta la leche, removiendo constantemente durante 30 segundos.

5. Retira la olla del fuego. Continúa removiendo la leche hasta que empiece a formarse la cuajada.

6. Si para este punto el suero no es claro sino lechoso, regresa la olla al fuego y agrega más jugo de limón. No dejes de remover la mezcla.

7. Una vez que consigas una clara separación entre el suero y la cuajada, retira la olla de la flama y déjala reposar 15 minutos. Notarás que la cuajada descansa en el fondo y el suero se asienta sobre ella.

8. Prepara un colador con una doble capa de tela para drenar queso lo suficientemente grande para poder contener la cuajada, amarrar sus esquinas entre sí y formar una bolsa de drenado. Coloca el colador sobre una olla para recibir el suero.

9. Pasa la cuajada cuidadosamente al colador con una cuchara. Si lo prefieres puedes verter el contenido entero de la olla en el colador. Déjala escurrir 10 minutos.

10. Amarra las esquinas de la tela de drenado para formar una bolsa y cuélgala sobre una olla para que escurra más suero.

11. Retuerce la bolsa un par de veces para exprimir el suero fuera del queso.

12. Regresa la bolsa al colador, coloca un plato o una tapa que entre en el colador y coloca 2.5 kilos de peso sobre ella.

13. Deja que el peso prense el queso por una o dos horas.
14. Saca el queso de la bolsa de tela.
15. El queso está listo para servir. Si no lo vas a usar en ese momento, mételo en un contenedor con tapa y refrigéralo. Te durará una semana en el refrigerador.

## Comentarios finales en torno a los quesos blandos

El problema más común en la elaboración de los quesos blandos es no lograr una cuajada adecuada. Esto puede suceder por varias razones:

- La calidad del cuajo que estés usando ya que puede perder su fuerza si lleva demasiado tiempo en el refrigerador. Usualmente, debe durar más de un año. Si intentas hacer queso y no logras una buena cuajada, revísalo. Sé muy cuidadoso en este punto.
- El cuajo debe diluirse en agua fría. Si el agua que usaste para diluirlo supera los 15 °C, perderá efectividad y no cuajará bien la leche.
- No mantener las temperaturas indicadas al calentar la leche: esto puede afectar su estructura interna impidiendo la formación de un cuajo suficientemente firme.

✓ Recuerda que la calidad y el tipo de leche que utilices es importante. Verifica que no sea ultrapasteurizada y siempre esté fresca.

# Quesos semiblandos

Este tipo de quesos no resultan tan cremosos como los blandos, que en general tienen una consistencia tal que pueden untarse, pero tampoco resultan tan secos como los quesos duros. Encontrarás que algunos de ellos tienen una forma de preparación simple, similar a la de los quesos blandos, y otros requieren pasos más sofisticados.

## Queso panela

Otro clásico de la cocina mexicana. El queso panela es una variedad del queso blanco, baja en grasa y colesterol. Puede acompañar a un sinfín de platillos mexicanos y se destaca por su consistencia firme y su sabor delicado.

*Ingredientes*
|   |   |
|---|---|
| 3 | *litros de leche entera de vaca* |
| 420 | *gramos de leche en polvo (2 ¾ tazas)* |
| 1 ½ | *cucharadas de cloruro de calcio en polvo disuelto en ¼ de taza de agua fría sin clorar* |
| ⅛ | *tableta de cuajo vegetal disuelta en ¼ de taza de agua sin clorar* |
| 1 ½ | *cucharadas de sal* |

*Instrucciones*

1. En una olla de acero inoxidable mezcla la leche en polvo y la leche entera hasta que se integren por completo.
2. Calienta la leche, de preferencia a baño maría, hasta que se entibie.
3. Vierte el agua con el cloruro de calcio en la leche, mezcla hasta integrar.
4. Retira la olla del fuego. Vierte en la leche el agua con el cuajo disuelto, mezcla suavemente hasta integrar.
5. Deja reposar la olla durante 20 minutos. Notarás que se forma una cuajada de consistencia similar a la del yogurt.
6. Realiza una prueba de corte. Deberás ser capaz de introducir un cuchillo a la cuajada y sacarlo limpio.
7. Cuando esté lista la cuajada, córtala en cubos de un centímetro por lado.
8. Deja reposar la cuajada 20 minutos.
9. Coloca la olla a fuego muy bajo y revuelve suavemente la cuajada, procura que los pedazos del fondo pasen arriba para que se caliente uniformemente.
10. Prepara un colador recubierto de una doble capa de tela para drenado. Asegúrate de que la tela sea lo suficientemente grande como para poder amarrar las esquinas entre sí y formar una bolsa. Coloca el colador sobre una olla para que escurra el suero sobre ella.
11. Vierte la cuajada en el colador. Déjala escurrir 5 minutos.
12. Anuda las esquinas de la tela formando una bolsa. Aprieta el nudo o dale vueltas para exprimir la cuajada.

13. Desata la bolsa y agrega sal a la cuajada. Amásala ligeramente con tus manos para que se distribuya homogéneamente.

14. Pasa la cuajada a un molde recubierto con una doble capa de tela para drenar lo suficientemente grande como para envolver completamente la cuajada.

15. Envuelve la cuajada con la tela y coloca una tapa ajustada encima del molde.

16. Coloca 10 kilos sobre la tapa para prensar el queso por hora y media.

17. Desenvuelve el queso, dale la vuelta, envuélvelo nuevamente y regrésalo al molde. Coloca la tapa y los 10 kilos para prensarlo por otra hora y media.

18. Refrigera tu queso en un recipiente hermético. Puede estar durante dos semanas en buen estado.

✓ Como en todos los quesos que se usan como botana, prueba agregar alguno de los siguientes ingredientes a la hora de salar la cuajada: chiles, epazote, jamón, salchicha, ajonjolí, arándanos o duraznos en almíbar.

## Mozzarella

Este queso italiano es uno de los más vendidos alrededor del mundo. Su proceso de producción es muy peculiar y aquí te mostraré un par de maneras de hacerlo en casa. Ten paciencia, pues hacer mozzarella requiere una técnica diferente a la de la mayoría de los quesos, un arte que tardarás un poco en dominar.

El mozzarella es un queso que disfrutarás mucho, es extremadamente versátil gracias a su sabor suave y a su capacidad para fundirse fácilmente. Es el queso estrella de la cocina italiana.

Tradicionalmente, este queso se prepara con leche de búfalo, sin embargo, hoy por hoy puedes prepararlo con leche de vaca. Recuerda que te será más sencillo preparar este queso si usas leche entera.

## Ingredientes

| | |
|---|---|
| 1 | galón de leche (preferentemente entera) |
| 1 ¼ | cucharaditas de ácido cítrico disuelto en ¼ de taza de agua fría sin clorar |
| 2 | gotas de cuajo o ¼ de tableta de cuajo vegetal disueltos en ¼ de taza de agua fría sin clorar |
| 2 | litros de agua caliente (43°C) |
| ¼ | taza de sal |

## Instrucciones

1. Calienta lentamente la leche en una olla de acero inoxidable a baño maría hasta alcanzar los 32 °C.
2. Agrega el ácido cítrico y mezcla hasta integrar.
3. Deja la leche reposar a 32 °C por media hora.
4. Agrega el cuajo lentamente y mezcla hasta integrar.
5. Tapa la olla y, manteniendo la temperatura a 32 °C, déjala reposar entre 60 y 90 minutos.
6. Cuando hayan transcurrido los primeros 60 minutos revisa la cuajada, deberá tener una consistencia parecida al yogurt. Haz una prueba de corte para ver si puedes romper la corteza, introducir un cuchillo y sacarlo limpio. Si no está lista, déjala reposar más tiempo.

7. Cuando esté lista la cuajada, córtala en cubos de 2 cm por lado.

8. Deja reposar la olla de 20 a 30 minutos. Notarás que los pedazos de cuajada se asientan al fondo de la olla mientras que el suero queda arriba de ellos.

9. Calienta la olla poco a poco hasta llegar a los 38°C. Deberás subir aproximadamente 1°C cada 5 minutos.

10. Mientras calientas el cuajo, remuévelo suavemente con una cuchara. Trata de subir los pedazos del fondo a la superficie, esto ayudará a que se caliente en forma homogénea. Notarás que poco a poco adquieren más firmeza.

11. Al alcanzar los 38°C, retira la olla del fuego y déjala reposar por 10 minutos.

12. Prepara un colador con una doble capa de tela para drenar queso lo suficientemente grande para poder contener la cuajada, amarrar sus esquinas entre sí y formar una bolsa de drenado. Coloca el colador sobre una olla para recibir el suero.

13. Vierte la cuajada cuidadosamente en el colador. Déjala escurrir 5 minutos.

14. Regresa la cuajada a la olla en la que se formó y sumérgela en el agua a 43°C por espacio de dos horas y media, mantén la temperatura del agua constante. Esto ayudará al proceso de acidificación y expulsión del suero.

15. Retira el suero expulsado de la cuajada con un cuchara cada 20 o 30 minutos. También remuévela para que la temperatura se mantenga homogénea en ella.

16. Al término de las dos horas y media el nivel de acidez del suero desprendido deberá estar en 5.3. Si puedes,

mídelo con una tira medidora de pH para asegurarte que ha llegado al nivel adecuado para trabajar la masa.

17. Calienta dos litros de agua a 77°C. Agrega un cuarto de taza de sal al agua.

18. En una tabla de madera estéril, coloca la cuajada. Toma 2 o 3 pedazos de ella (deberían de medir 2 cm aproximadamente) y sumérgelos en el agua caliente con sal. Sácalos para trabajarlos con tus manos limpias.

19. Usando guantes de plástico, amasa suavemente con tus dedos los trozos de cuajada. Deberán tener una consistencia tal que puedan estirarse y unirse en una masa de apariencia lustrosa. Si no puedes amasar los trozos de cuajada, significa que ésta no ha alcanzado el grado de acidez necesario. Si es el caso, regresa al paso 15.

20. Forma pequeñas bolas del tamaño de una pelota de tenis con la cuajada. Trabaja con pocos pedazos a la vez para asegurarte que el amasado sea suficiente y homogéneo, debe resultar una masa de queso elástica. Deja el resto de la cuajada en la tabla mientras no la estés utilizando. Sé paciente, tardarás unos 20 minutos en formar cada una de las bolas de queso. Si lo requieres, puedes mojar el queso en el agua caliente de vez en cuando para ayudarte en el proceso de amasado; tendrás que mantener el agua a la temperatura adecuada durante todo este proceso.

21. Cuanto termines de amasar el queso y llegues a la consistencia deseada, sumerge la bolas de queso en agua fría. Notarás que adquieren mayor firmeza. Si quieres que tu queso sepa más salado, este paso puedes hacerlo en 2 litros de salmuera (2 litros de agua

con 2 tazas de sal sería una proporción adecuada).

22. Deja las bolas de queso en el agua o salmuera por una hora.
23. Saca el queso y sécalo con una toalla de papel.
24. Puedes guardarlo en el refrigerador en un recipiente tapado hasta por una semana. Si lo congelas, debería durarte unos 3 meses.

✓ Experimenta formando palitos o trenzas de mozzarella. Puedes tener una gran variedad de presentaciones para este delicioso queso italiano.

## Provolone

Este queso italiano tiene un proceso de preparación similar al del mozzarella, la gran diferencia está en que el provolone no es un queso que se consume fresco sino que requiere un proceso de maduración. Ésta es la razón de la diferencia de sabor que encontrarás entre ambos: el provolone tiene un sabor más definido que el mozzarella.

*Ingredientes*
1     *galón de leche entera*
½     *cucharadita de cultivo termófilo en polvo*
¼     *cucharadita de lipasa en polvo*
       *(enzima que sirve para disgregar las grasas)*
       *disuelta en ¼ de taza de agua fría sin clorar*
½     *tableta de cuajo vegetal disuelto en ¼ de taza de*
       *agua fría sin clorar (equivale a ¼ de cucharadita*
       *de cuajo líquido)*

500   *gramos de sal*
2   *litros de agua fría*

## Instrucciones

1. Calienta la leche en una olla de acero inoxidable a baño maría hasta alcanzar los 36 °C.
2. Agrega lentamente el cultivo termófilo y revuelve hasta integrar.
3. Deja actuar el cultivo en la leche durante una hora manteniendo la temperatura a 36 °C.
4. Agrega la lipasa y revuelve hasta integrar.
5. Deja reposar la leche 15 minutos más manteniendo la temperatura a 36 °C.
6. Agrega lentamente el cuajo, mantén la temperatura y remueve la mezcla durante 10 minutos.
7. Tapa la olla y, manteniendo la temperatura a 36 °C, deja reposar la leche de 20 a 30 minutos.
8. Pasados los primeros 20 minutos revisa la cuajada. Deberá tener una consistencia parecida a la del yogurt. Realiza una prueba de corte, tendrás que ser capaz de introducir el cuchillo y sacarlo limpio. En caso de que no esté lista la cuajada, cocínala unos minutos más.
9. Corta la cuajada en cubos de 2 cm por lado.
10. Conservando la misma temperatura, deja reposar la cuajada cortada entre 20 y 30 minutos más. Notarás que los trozos se acumulan en el fondo y el suero se separa hacia la superficie. (Si sacas un poco de suero y haces una prueba de pH, el nivel de acidez deberá estar en 6.5 en este momento).

11. Calienta lentamente la olla, aproximadamente un grado por minuto, hasta llegar a los 60 °C. Remueve cuidadosamente la cuajada mientras haces esto, trata de pasar los trozos de abajo a la parte de arriba. Este movimiento ayudará a que se calienten de forma homogénea. Notarás que la cuajada se hace más firme a medida que se desprende más suero.

12. Al alcanzar los 60 °C, deja que la cuajada se cocine a esta temperatura 5 minutos más.

13. Retira la olla del fuego y déjala reposar por 15 minutos.

14. Prepara un colador con una doble capa de tela para drenar queso. Coloca el colador sobre una olla para recibir el suero.

15. Vierte la cuajada en el colador y cúbrelo con una tapa o paño para mantener el calor. Coloca el suero caliente en la olla sobre la que colocarás el colador, esto ayudará a no perder calor.

16. Deja que la cuajada escurra 30 minutos. debes mantener la cuajada aproximadamente a 42 °C durante este proceso. Con las medidas explicadas en el paso anterior debería ser más que suficiente.

17. Prepara la salmuera. Coloca el agua en una olla y caliéntala hasta que llegue a los 77 °C y añade media taza de sal.

18. Usando guantes de plástico, toma un pedazo de cuajada y remójalo en la salmuera. Intenta estirarlo con tus dedos. Si encuentras que aún no está suficientemente elástico, espera otros 15 minutos y vuelve a intentar (podría tomarle al queso hasta 2 horas madurar lo suficiente para adquirir esta textura).

19. Pasa la cuajada a una tabla estéril para picar. Toma 2 o 3 pedazos y pequeñas bolas del tamaño y la forma de una pera grande con la cuajada. Trabaja con pocos pedazos a la vez para asegurarte que el amasado sea suficiente y homogéneo, ya que debe resultar una masa de queso elástica. Deja el resto de la cuajada en la tabla mientras no la estés utilizando. Sé paciente, tardarás unos 20 minutos en formar cada una de las bolas de queso. Si lo requieres, puedes mojar el queso en el agua caliente de vez en cuando para ayudarte en el proceso de amasado, tendrás que mantener el agua a la temperatura adecuada durante todo este proceso.

20. Cuanto termines de amasar el queso y llegues a la consistencia deseada, sumerge las peras de queso en agua fría. Notarás que adquieren mayor firmeza. Si quieres que tu queso sepa más salado, puedes sumergirlo en salmuera. Déjalo aquí por espacio de una hora.

21. Saca el queso del agua y sécalo con una toalla de papel.

22. Ata el extremo de una cuerda por el cuello de una de las peras de queso, ata el otro extremo en el cuello de otra pera. Esto te ayudará a colgarlas para que se sequen y añejen de dos en dos.

23. Cuelga las peras y déjalas madurar durante 3 semanas en un ambiente con una temperatura de 10 °C y 85% de humedad. Si deseas un provolone con un sabor intenso, déjalo madurar un año a una temperatura de 8 °C.

## Comentarios finales
## en torno a los quesos semiblandos

Los quesos de esta categoría pueden variar mucho. Dependiendo de tu gusto, puedes encontrar algunos quesos suaves que son llevados a un proceso de pérdida de humedad mayor.

La importancia de dominar la manufactura de este tipo de quesos está en que, a diferencia de los quesos blandos, conllevan mayor sofisticación en su proceso de elaboración y son, por tanto, no sólo deliciosos en sí mismos, sino la mejor puerta de entrada al aprendizaje de la preparación de los quesos duros.

Recuerda que, si no estás conforme con el sabor o textura de tus quesos, revisa, antes que nada, la frescura de tus ingredientes y la limpieza de tus utensilios. Si lo anterior no es el problema, practica varias veces. Revisa tus notas, haz ligeros cambios en tu receta y ten paciencia. Recuerda que estás en camino de convertirte en un experto quesero.

# Quesos duros

Los quesos duros requieren más pasos para su manufactura y suelen necesitar mayor tiempo de maduración que los blandos y semiblandos. Por esta razón, encontrarás que son mucho más secos y que tienen un sabor más definido. Sin duda, hacer este tipo de queso será un reto mayor y necesitarás mucha paciencia y práctica, sin embargo, la satisfacción que obtendrás cuando pruebes tus creaciones no tendrá comparación.

## Muenster

Uno de los quesos más versátiles y sabrosos. Encontrarás en este queso usos que van desde un simple sándwich de queso a la plancha hasta el perfecto complemento para acompañar frutas y ensaladas. Además, tiene un sabor tan rico que incluso podrás comerlo solo y tendrás un gran platillo para presumir.

*Ingredientes*

1     *galón de leche entera (puedes usar leche de vaca o de cabra, el sabor variará un poco y te dará aún más versatilidad)*

½ tableta de cuajo vegetal disuelta y reposada 20
minutos en ¼ de taza de agua fría sin clorar
Sal al gusto

## Instrucciones

1. Calienta la leche en una olla de acero inoxidable a baño maría hasta alcanzar los 30 °C.
2. Retira la olla del fuego y déjala reposar por 5 minutos.
3. Agrega el cuajo y revuelve suavemente.
4. Cubre la olla y déjala reposar durante una hora. Notarás que la cuajada adquiere una consistencia parecida a la del yogurt firme.
5. Corta la cuajada en cubos de 2.5 cm por lado.
6. Si lo deseas, puedes espolvorear 2 cucharaditas de sal sobre la cuajada en este momento.
7. Deja reposar la cuajada 15 minutos.
8. Regresa la olla al baño maría y revuelve muy cuidadosamente la cuajada. Trata de que los pedazos del fondo pasen a la parte de arriba para que se calienten en forma homogénea.
9. Deja la cuajada reposar durante otros 15 minutos.
10. Prepara un colador forrado con una doble capa de tela para drenar queso. Coloca el colador sobre una olla para recibir el suero.
11. Pasa la cuajada al colador usando cuidadosamente una cuchara. También puedes verter tanto la cuajada como el suero en el colador directamente.
12. Deja escurrir la cuajada en el colador por 30 minutos.
13. Forra un molde para queso (con una capacidad para aproximadamente 500 g de queso) con una doble capa de tela para drenar queso. Asegúrate de que

la tela sea lo suficientemente grande como para envolver completamente el queso. Colócalo sobre una bandeja para que el suero pueda escurrir sobre ella.

14. Cuando la cuajada alcance la temperatura ambiente, pásala al molde. Seguramente tendrás que apretarla un poco cuando lo hagas para que entre completa en él.

15. Dobla la tela de drenado y envuelve con ella el queso.

16. Tapa el molde con una cubierta que ajuste muy bien.

17. Coloca sobre la tapa 18 kilos para prensar el queso por un periodo de 12 horas.

18. Saca el queso del molde, desenvuélvelo, dale la vuelta y vuélvelo a colocar dentro de la tela y del molde.

19. Coloca la tapa y prensa el queso nuevamente bajo 18 kilos por 12 horas.

20. Desenvuelve el queso y frota suavemente un poco de sal en su superficie.

21. Coloca el queso sobre una estera de madera. Puedes taparlo con un plato grande para evitar que la superficie pierda demasiada humedad.

22. Dale la vuelta al queso una vez al día por los siguientes 6 días. Cada vez que lo hagas frota otro poquito de sal en su superficie. Notarás que una fina corteza empieza a formarse en tu queso.

23. Entre más días repose el queso, más fuerte será su sabor; puedes experimentar con su sabor en un periodo de una semana hasta un mes. Técnicamente tu queso está listo a partir de la formación de la corteza.

✓ Este queso puedes congelarlo entero y protegido por su corteza hasta por un periodo de tres meses. Sin embargo, una vez que lo cortes, tendrás que consumirlo en un periodo no mayor a una semana.

# Asadero

Este queso de origen mexicano es parecido al muenster por su versatilidad. También es comparado y hasta confundido con el oaxaca, sobre todo cuando su presentación es en hebra y no en bloque. Es ideal para hacer todo tipo de platillos con queso fundido: enchiladas, quesadillas, *fondue*, etcétera. Por esta razón, algunas veces podrás encontrarlo en la sección de quesos semiblandos, sin embargo, por su proceso de elaboración, aquí te lo presentamos como parte de los quesos duros.

*Ingredientes*
- 3    *litros de leche entera de vaca*
- 25   *gotas de cuajo vegetal disueltas y reposadas*
       *20 minutos en ½ taza de agua sin clorar*
- 3    *cucharadas de sal*

*Instrucciones*
1. Calienta la leche en una olla de acero inoxidable a baño maría hasta alcanzar los 40 °C.
2. Mantén la temperatura de la leche a 40 °C por 15 minutos.
3. Retira la olla del fuego y déjala reposar hasta que la leche alcance los 30 °C.
4. Agrega el cuajo diluido y mezcla cuidadosamente durante un par de minutos.

5. Deja la leche reposar por espacio de 60 a 90 minutos. Notarás que se forma una cuajada de consistencia similar a la de un yogurt espeso.

6. Regresa la olla al fuego y calienta la cuajada hasta que alcance los 35°C. Remueve continuamente, con una cuchara de madera, mezclando la cuajada con el suero.

7. Mantén la temperatura a 35°C y continúa removiendo la mezcla por 30 minutos. Notarás que se forman hebras firmes y continuas.

8. Prepara un colador forrado con una doble capa de tela para drenar queso. Asegúrate de que la tela sea lo suficientemente grande como para poder amarrar las esquinas entre sí y formar una bolsa. Coloca el colador sobre una olla para recibir el suero.

9. Pasa la cuajada al colador usando cuidadosamente una cuchara. También puedes verter tanto la cuajada como el suero en el colador directamente.

10. Deja escurrir la cuajada en el colador por 30 minutos o hasta que deje de escurrir.

11. Ata las esquinas de la tela para drenar queso y forma una bolsa.

12. Aprieta el nudo o retuércelo un poco para exprimir el suero de la cuajada.

13. Pasa la cuajada a un tazón y agrega poco a poco la sal, asegúrate de que el queso quede salado en forma homogénea.

14. Regresa el queso a la olla a baño maría y caliéntalo nuevamente removiendo constantemente para que suelte todo el suero que le queda. Notarás que las hebras se hacen más gruesas y firmes. Detente

cuando alcance la textura que deseas. No sobrepases los 35 °C.

15. Pasa el queso a una tabla para corte. Amasa suavemente el queso formando tiras. Déjalas enfriar.
16. Cuando estén frías, enróllalas para formar bolas de queso.
17. Refrigera en un contenedor hermético.

## Parmesano

Probablemente uno de los quesos italianos más famosos del mundo. Su sabor fuerte y su dureza lo hacen el perfecto complemento para innumerables platillos. ¿Quién no ha pedido un poco más de parmesano sobre su pasta?

Este queso suele tener un proceso de maduración de meses, pero cuando la espera termine, tendrás la satisfacción de haber creado con tus propias manos un clásico de la gastronomía internacional.

*Ingredientes*

| | |
|---|---|
| 1 | *galón de leche de vaca baja en grasa* |
| 1 | *galón de leche de cabra (si no consigues leche de cabra, agrega otro galón de leche de vaca y ¼ de cucharadita de lipasa disuelta en ¼ de taza de agua fría sin clorar)* |
| 1 | *cucharadita de cultivo termófilo en polvo* |
| ¼ | *tableta de cuajo vegetal disuelta y reposada 20 minutos en ¼ de taza de agua fría sin clorar (equivale a ¼ de cucharadita de cuajo líquido)* |

500    *gramos de sal*
  2    *litros de agua*
       *Aceite de oliva*

*Instrucciones*

1. Calienta la leche en una olla de acero inoxidable a baño maría hasta alcanzar los 32 °C.
2. Agrega el cultivo termófilo y mezcla hasta integrar.
3. Deja actuar el cultivo en la leche por una hora, mantén la temperatura de la leche a 32 °C.
4. Si estás utilizando únicamente leche de vaca, agrega la lipasa y mezcla hasta integrar.
5. Deja reposar la leche 15 minutos.
6. Agrega cuidadosamente el cuajo a la leche y remuévela durante 10 minutos.
7. Tapa la olla y deja reposar la leche de 20 a 30 minutos, manteniendo la temperatura constante a 32 °C.
8. Al pasar los primeros 20 minutos, revisa la cuajada y realiza una prueba de corte. Debes ser capaz de romper la corteza al insertar un cuchillo o tu dedo y poder sacarlo limpio. Si la cuajada no está lista, déjala madurar unos minutos más.
9. Cuando esté lista la cuajada, córtala en cubos de medio centímetro.
10. Sube la temperatura de la cuajada lentamente hasta alcanzar los 38 °C, deberás elevarla aproximadamente un grado cada 5 minutos. Mientras elevas la temperatura, remueve cuidadosamente la cuajada procurando pasar los pedazos del fondo a la parte de arriba para permitir que se calienten en forma homogénea.

11. Sube la temperatura gradualmente hasta alcanzar los 52 °C, deberás elevarla aproximadamente de 1.5 a 2 grados cada 5 minutos.

12. Los trozos de cuajada deberán verse como granos grandes de arroz. Al morder uno de ellos, deberás escuchar un crujido.

13. Retira la olla del fuego y déjala reposar por 5 minutos.

14. Prepara un colador con una doble capa de tela para drenar queso. Coloca el colador sobre una olla para recibir el suero.

15. Vierte cuidadosamente la cuajada en el colador.

16. Forra un molde para queso con una doble capa de tela para drenar queso. Asegúrate de que la tela sea lo suficientemente grande para contener el queso, doblarse y taparlo completamente. Coloca el molde sobre una bandeja para que escurra el suero sobre ella.

17. Pasa la cuajada del colador al molde para queso.

18. Tapa la cuajada con la tela del molde.

19. Coloca una tapa que embone bien sobre el queso y coloca 2 kilos de peso sobre ella para prensar el queso durante 20 minutos.

20. Saca el queso del molde y de la tela. Dale la vuelta y vuélvelo a colocar dentro del molde, rodeado por la tela.

21. Pon la tapa del molde y coloca 4 kilos de peso por 30 minutos.

22. Vuelve a sacar y voltear el queso. Prénsalo con 6 kilos por 3 horas.

23. Vuelve a sacar y voltear el queso. Prénsalo con 9 kilos por 12 horas.

24. Prepara la salmuera, mezcla la sal en el agua y revuelve hasta integrar.

25. Saca el queso, sumérgelo en la salmuera y déjalo ahí 24 horas a temperatura ambiente. Tienes que darle la vuelta al queso cada 3 o 4 horas.

26. Saca el queso y sécalo con una toalla de papel.

27. Deja madurar el queso a una temperatura de 13 °C con una humedad entre 80 y 85% durante al menos 10 meses.

28. Cada día, durante las primeras 4 semanas, tendrás que voltear el queso una vez.

29. A partir de la quinta semana, voltea el queso una vez a la semana.

30. Si notas que se forma moho sobre la superficie del queso, límpialo con un paño humedecido con agua salada.

31 A partir del segundo mes, puedes untar un poco de aceite de oliva en la superficie del queso una vez al mes.

✓ Si tus quesos no tienen suficiente sabor, déjalos madurar más tiempo para aumentar su acidez, o usa lipasa, ya que esta enzima acelerará el proceso de maduración.

## Cheddar

Este es uno de los quesos que más se consumen a nivel mundial. Su nombre proviene de las cuevas Cheddar en Inglaterra, lugar que los locales utilizaban para dejar añejar este delicioso manjar.

Existen diferentes recetas para hacer cheddar, algunas de ellas incluyen cocinar la cuajada dos veces, tal como se hacía originalmente. Otros procesos se han simplificado y estandarizado tanto que son la causa de que puedas encontrar queso cheddar de muy distintos sabores y colores. Nuevamente quiero hacerte notar que la complejidad del sabor de un cheddar hecho en casa no podrá compararse con el de los quesos de este tipo que se han industrializado y que encuentras en el supermercado.

### Ingredientes

- 2 galones de leche entera
  (puede ser leche de vaca o de cabra)
- ½ cucharadita de cultivo mesófilo en polvo
- 2 gotas de colorante de achiote para quesos disueltas en ¼ de taza de agua fría sin clorar (opcional)
- ½ tableta de cuajo vegetal disuelta y reposada 20 minutos en ¼ de taza de agua fría sin clorar
- 2 cucharadas de sal
  Cera para queso

### Instrucciones

1. Calienta la leche en una olla de acero inoxidable a baño maría hasta alcanzar 30 °C.
2. Agrega el cultivo mesófilo y mezcla hasta integrar.
3. Tapa la olla y déjala reposar por una hora manteniendo la temperatura en 30 °C.
4. Si quieres utilizar el achiote disuelto en agua para darle una apariencia más sabrosa a tu queso, añádelo ahora y asegúrate de que se mezcle uniformemente con la leche. Si no usas el colorante, tu queso tendrá

el mismo sabor, sólo que se verá más blanco de lo que suelen estar los quesos cheddar que conoces.

5. Agrega el cuajo y revuelve la mezcla suavemente durante un minuto.

6. Tapa la olla y déjala reposar por un lapso de tiempo entre 45 minutos y una hora, mantén la temperatura constante en 30 °C. Notarás que la leche adquiere una apariencia similar a la de un yogurt firme.

7. Después de 45 minutos, revisa la cuajada y realiza una prueba de corte; tendrías que ser capaz de introducir un cuchillo o tu dedo en ella y sacarlo limpio. Si no se cumple esta condición, déjala reposar unos minutos más.

8. Corta la cuajada en cubos de medio centímetro aproximadamente.

9. Deja reposar la cuajada por 20 minutos.

10. Calienta la cuajada gradualmente hasta que alcance 38 °C. Tendrás que aumentar un grado cada 5 minutos aproximadamente. Calcula entre 30 y 45 minutos para hacerlo.

11. Mientras calientas la cuajada, remuévela suavemente procurando pasar los pedazos del fondo para la parte de arriba para que se calienten uniformemente.

12. Una vez alcanzados los 38 °C, mantén la temperatura estable y deja que la cuajada se cocine a esa temperatura otros 30 minutos. Continua revolviendo los trozos de cuajada suavemente durante todo este tiempo.

13. Apaga el fuego y deja la olla reposar 5 minutos.

14. Prepara un colador con una doble capa de tela para drenar queso. Coloca el colador sobre una olla para recibir el suero.

15. Vierte la cuajada en el colador. Déjala escurrir de 15 a 20 minutos. Notarás que la cuajada vuelve a integrarse en una sola masa.

16. Pasa la cuajada a una tabla de corte.

17. Imagina que la masa de cuajada es como una barra de pan. Córtala en rebanadas de un centímetro de ancho.

18. Pasa las rebanadas de cuajada a una olla de acero inoxidable. Caliéntalas a baño maría a una temperatura de 38 °C.

19. Deja que las rebanadas de cuajada se maduren a esta temperatura durante 2 horas.

20. Cada media hora, dale la vuelta a cada una de las rebanadas de cuajada. Notarás que adquieren una textura similar al hule.

21. Retira la cuajada del fuego. Pasa las rebanadas de cuajada a una tabla de corte y córtalas en cubos de 2 cm de lado.

22. Regresa los cubos de cuajada a la olla, vuélvela a meter a baño maría y déjalos reposar 45 minutos. Remueve con cuidado la cuajada cada 5 minutos.

23. Retira la olla del fuego. Agrega la sal y revuelve con cuidado.

24. Prepara un molde para queso forrado con una doble capa de tela para drenar queso. Procura que la tela sea lo suficientemente grande como para envolver completamente el queso. Utiliza un molde con capacidad para un kilo de queso. Coloca el molde sobre una bandeja para que el suero drene sobre ella.

25. Pasa los cubos de cuajada al molde. Tendrás que apretarlos un poco para que entren todos. Envuélvelos con la tela para drenar queso.

26. Tapa el molde con una tapa que le ajuste convenientemente. Coloca 18 kilos sobre ésta para prensar el queso durante 12 horas.

27. Saca el queso del molde, desenvuélvelo y dale la vuelta. Vuelve a meter el queso, envuelto en la tela, en el molde y coloca la tapa.

28. Prensa el queso con 18 kilos sobre la tapa por otras 12 horas.

29. Saca nuevamente el queso del molde, desenvuélvelo y dale la vuelta. Vuelve a meter el queso, envuelto en la tela, en el molde y coloca la tapa.

30. Prensa el queso con 18 kilos sobre la tapa por otras 12 horas.

31. Saca el queso del molde y desenvuélvelo. Colócalo sobre una estera de madera y déjalo secarse a temperatura ambiente hasta que esté seco al tacto. Tardará 5 días aproximadamente. Dale la vuelta al queso cada día para que se seque uniformemente.

32. Encera el queso. Puedes derretir la cera en una olla y sumergirlo (primero la mitad, espera a que seque, y luego la otra mitad) o aplicarla con una brocha. Procura darle dos capas de cera.

33. Resguarda tu queso a una temperatura entre 7 y 13 °C de 2 a 12 meses, dependiendo de qué tanto quieres que se añeje. Recuerda que entre más tiempo pase, el sabor será más fuerte y definido.

✓ El queso cheddar puede resultar delicioso por sí mismo y realmente especial si le agregas algunas especias: pimienta, cebollín, comino, jalapeños, etcétera.

✓ Prueba hervir entre 2 y 4 cucharadas de tu ingrediente favorito en agua sin clorar por 15 minutos. Pasa el agua por un colador. Usa el agua para mezclarla con la leche al inicio de la producción del queso y usa lo que quedó en el colador para agregárselo al queso junto con la sal.

## Gouda

Este queso holandés es un clásico que no puede faltar en tu recetario. Un queso de textura suave y un sabor firme y rico que puede comerse solo o acompañando a un sinfín de platillos. Incluso puedes probarlo con un poco de ate y tendrás un postre muy tradicional.

*Ingredientes*

2   galones de leche entera
    (puedes usar leche de vaca o de cabra)
½   cucharadita de cultivo mesófilo
½   tableta de cuajo vegetal disuelta y reposada
    20 minutos en ¼ de taza de agua fría sin clorar
8   tazas de agua sin clorar a 8°C
1   kilo de sal
1   galón de agua fría
    Cera para queso

*Instrucciones*

1.  Calienta la leche en una olla de acero inoxidable a baño maría hasta alcanzar una temperatura de 32 °C.
2.  Agrega el cultivo mesófilo y mezcla hasta integrar.

3. Tapa la olla y déjala reposar 15 minutos a 32 °C.

4. Agrega el cuajo y mezcla cuidadosamente durante un minuto.

5. Tapa la olla y déjala reposar 2 horas a 32 °C. Notarás que la cuajada adquiere una consistencia similar a la del yogurt espeso.

6. Realiza una prueba de corte a la cuajada. Si no eres capaz de introducir tu dedo o un cuchillo y sacarlo limpio, déjala reposar otros 30 minutos.

7. Corta la cuajada en cubos de 1.5 cm por lado.

8. Deja reposar la cuajada cortada 5 minutos manteniendo la temperatura a 32 °C. Notarás que el suero se separa de la cuajada.

9. Retira el suero que cubre la cuajada con una taza o cuchara.

10. Lentamente agrega el agua caliente (80 °C) hasta que la cuajada alcance la temperatura de 32 °C. Empieza con una taza, mide la temperatura, y luego agrega otra taza de ser necesario. Mientras agregas el agua, remueve la cuajada cuidadosamente.

11. Una vez alcanzados los 32 °C, déjala reposar 10 minutos. Revuelve la cuajada un par de veces durante este lapso.

12. Retira nuevamente el suero que cubre la cuajada con una taza o cuchara.

13. Lentamente agrega el agua caliente (80 °C) hasta que la cuajada alcance la temperatura de 35 °C. Empieza con una taza, mide la temperatura, y luego agrega otra taza de ser necesario. Mientras agregas el agua, remueve la cuajada cuidadosamente.

14. Una vez alcanzados los 35 °C, déjala reposar durante 10 minutos. Revuelve la cuajada un par de veces durante este lapso.

15. Retira nuevamente el suero que cubre la cuajada con una taza o cuchara.

16. Lentamente agrega el agua caliente (80 °C) hasta que la cuajada alcance la temperatura de 38 °C. Empieza con una taza, mide la temperatura y luego agrega otra taza de ser necesario. Mientras agregas el agua, remueve la cuajada cuidadosamente.

17. Una vez alcanzados los 38 °C, déjala reposar 30 minutos. Remueve la cuajada ocasionalmente durante este lapso.

18. Prepara un colador con una doble capa de tela para drenar queso. Coloca el colador sobre una olla para recibir el suero.

19. Vierte la cuajada cuidadosamente en el colador y déjala escurrir un par de minutos.

20. Prepara un molde para queso forrado con una doble capa de tela para drenar queso. Procura que la tela sea lo suficientemente grande como para envolver completamente el queso. Utiliza un molde con capacidad para un kilo de queso. Coloca el molde sobre una bandeja para que el suero drene sobre ella.

21. Pasa cuidadosamente la cuajada al molde. Recúbrela con la tela.

22. Coloca una tapa que ajuste bien al molde.

23. Coloca 10 kilos de peso sobre la tapa para prensar el queso durante 20 minutos.

24. Saca el queso del molde, desenvuélvelo y voltéalo.

Vuélvelo a colocar en el molde envuelto por la tela de drenado. Coloca la tapa del molde.

25. Prensa el queso con 20 kilos de peso por 20 minutos.

26. Saca el queso del molde, desenvuélvelo y voltéalo. Vuélvelo a colocar en el molde envuelto por la tela de drenado. Coloca la tapa del molde.

27. Prensa el queso con 20 kilos de peso por 30 minutos.

28. Saca el queso del molde, desenvuélvelo y voltéalo. Vuelve a colocarlo en el molde envuelto por la tela de drenado. Coloca la tapa del molde.

29. Prensa el queso con 23 kilos de peso por 12 horas.

30. Prepara la salmuera mezclando el galón de agua fría con el kilo de sal.

31. Desenvuelve el queso y sumérgelo en la salmuera por 6 horas. A las primeras 2 horas, dale la vuelta al queso. Vuelve a hacerlo a las 4 horas.

32. Saca el queso de la salmuera y sécalo con una toalla de papel.

33. Coloca el queso sobre una estera de madera y déjalo madurar durante 3 semanas a una temperatura de 10°C. Diariamente dale la vuelta al queso para que se seque en forma homogénea.

34. Recubre el queso con dos capas de cera. Puedes calentarla en una olla y sumergir el queso (primero una mitad, déjalo secar, y luego la otra mitad, o puedes utilizar una brocha para aplicar la cera).

35. Deja que el queso se añeje en una temperatura de entre 7 y 13°C de 3 a 6 meses. Recuerda que entre más tiempo dejes madurar tu queso, más fuerte será su sabor. Este queso puede madurarse hasta 9 meses.

# Emmenthal

Este es el clásico queso suizo. Aunque existen variantes de queso suizo, el emmenthal se distingue por su tradición surgida en el valle suizo de Emmenthal, lugar en donde nació este manjar. Su proceso de producción es laborioso, pero encontrarás gran satisfacción cuando pruebes su sabor fuerte y veas esos agujeros característicos. Ármate de paciencia y practica esta receta que te llevará a disfrutar de un queso sin igual. Pruébalo en un tradicional *fondue* y verás el manjar que te espera.

## Ingredientes

| | |
|---|---|
| 2 | galones de leche entera (puedes usar leche de vaca o de cabra) |
| ½ | cucharadita de cultivo termófilo |
| 1 | cucharadita de propionic shermanii en polvo (esta bacteria es la responsable de los característicos agujeros del queso suizo. Al contacto con la leche, suelta dióxido de carbono formando burbujas) |
| ½ | tableta de cuajo vegetal disuelta y reposada en ¼ de taza de agua fría sin clorar |
| 8 | tazas de agua sin clorar a 8°C |
| 1 | kilo de sal |
| 1 | galón de agua fría |

## Instrucciones

1. Calienta la leche en una olla de acero inoxidable a baño maría hasta alcanzar los 32 °C.
2. Agrega el cultivo termófilo y mezcla hasta integrar.

3. Retira una taza de leche y viértela en un tazón. Agrega una cucharadita de propionic shermanii y mezcla hasta integrar.

4. Regresa la leche del tazón a la olla y revuelve.

5. Tapa la olla y déjala reposar 15 minutos a 32 °C.

6. Agrega el cuajo y remueve suavemente durante un minuto.

7. Tapa la olla y déjala reposar 30 minutos. Notarás que se forma una cuajada de consistencia similar a la de un yogurt espeso.

8. Realiza una prueba de corte a la cuajada. Si no eres capaz de introducir tu dedo o un cuchillo y sacarlo limpio, déjala reposar otros 15 minutos.

9. Cuando esté lista la cuajada, córtala en cubos de medio centímetro por lado.

10. Mantén la temperatura estable a 32 °C entre 45 minutos y una hora. Mientras tanto, deberás remover cuidadosamente la cuajada procurando no dejar espacio para la acumulación de suero.

11. Lentamente, eleva la temperatura de la cuajada hasta llegar a los 49 °C. Debes calcular entre 30 y 45 minutos para este proceso. Remueve frecuentemente la cuajada durante este periodo.

12. Al alcanzar los 49 °C, mantén la temperatura estable 30 minutos más. Continua revolviendo la cuajada regularmente, notarás que los cuajos son bastante pequeños en este punto del proceso.

13. Realiza una prueba para ver si los cuajos están listos para continuar con el proceso. Toma una cucharada de cuajada y deposítala en la palma de tu mano. Con tus dedos, frota los cuajos entre sí. Si se rompen

fácilmente, están listos; de lo contrario, déjalos cocinarse entre 15 y 20 minutos más.

14. Prepara un molde para queso forrado con una doble capa de tela para drenar queso. Procura que la tela sea lo suficientemente grande como para envolver completamente el queso. Utiliza un molde con capacidad para un kilo de queso. Coloca el molde sobre una bandeja para que el suero drene sobre ella.

15. Usa una cuchara para escurrir y pasa la cuajada al molde para queso. Es muy importante que trabajes rápido porque este queso requiere ser moldeado y prensado mientras la cuajada todavía está caliente.

16. Envuelve el queso con la tela para drenado. Tapa el molde con una tapa ajustada.

17. Coloca 4.5 kilos sobre la tapa para prensar el queso por 15 minutos.

18. Saca el queso del molde, desenvuélvelo y voltéalo. Vuélvelo a colocar en el molde envuelto por la tela de drenado. Coloca la tapa del molde.

19. Coloca 13.5 kilos sobre la tapa para prensar el queso por 15 minutos.

20. Saca el queso del molde, desenvuélvelo y voltéalo. Vuélvelo a colocar en el molde envuelto por la tela de drenado. Coloca la tapa del molde.

21. Coloca 7 kilos sobre la tapa para prensar el queso por 12 horas.

22. Prepara la salmuera mezclando un galón de agua fría con un kilo de sal.

23. Desenvuelve el queso y sumérgelo en la salmuera por 12 horas. Dale la vuelta al queso cada 3 horas durante este periodo.

24. Saca el queso y sécalo con una toalla de papel.
25. Coloca el queso sobre una estera de madera y déjalo secar por una semana a 13 °C de temperatura y 85% de humedad.
26. Dale la vuelta al queso diariamente y límpialo con un paño humedecido en agua salada. Si notas que genera mucho moho, prueba añejarlo en un ambiente menos húmedo. También asegúrate de que cualquier instrumento que toque el queso esté esterilizado.
27. Pasadas las 3 semanas, deja madurar el queso durante 3 meses a una temperatura de 7 °C con 85% de humedad.
28. Dale la vuelta al queso y límpialo con un paño humedecido en agua salada cada tercer día.

## Comentarios finales en torno a los quesos duros

Hacer quesos duros en casa requiere mucha práctica y paciencia. Recuerda llevar un diario con tus anotaciones personales sobre tus quesos, esto te ayudará a encontrar los pequeños matices que se deben dar a cada receta para mejorar la calidad del producto final.

Un problema común en la manufactura de los quesos duros es que terminen demasiado secos. Si te pasa esto, puede deberse a que perdiste grasa y humedad al calentar demasiado la cuajada. También puede ser resultado de no haber sido cuidadoso al manejar la cuajada. Recuerda que si la trozas o la presionas de más, le extraes la grasa necesaria para darle una buena consistencia al queso.

# Quesos azules

Los quesos azules utilizan bacterias y mohos para madurar, los cuales los dotan de esa peculiar coloración a la que deben su nombre. Estos quesos son los preferidos de los conocedores por su sabor fuerte y su complejo proceso de producción.

Preparar quesos azules te demandará un alto nivel de experiencia en el manejo de los derivados de la leche. Asimismo, tendrás que dedicar un largo periodo de tiempo en la manufactura de este tipo de quesos. Pero no te desanimes, una vez que logres el reto de fabricar tu primer queso azul, podrás considerarte un auténtico artesano quesero.

La mayoría de este tipo de quesos tienen un proceso de manufactura demasiado complejo como para recomendarte hacerlos en casa. Sin embargo, aquí te damos la receta de un par de ellos, con un grado de dificultad moderado, y que seguramente te llenarán de satisfacción.

## Gorgonzola

Este queso originario de la ciudad de Milán, Italia, cuenta con una textura cremosa y un sabor complejo ideal para acompañar toda clase de ensaladas.

Su proceso de manufactura es complejo ya que necesitarás dos tandas de cuajada para hacerlo. Además, usarás el *penicillium roqueforti*, el moho con el que se fabrican quesos como el roquefort –como su nombre lo indica– y el gorgonzola.

## Ingredientes

| | |
|---|---|
| 2 | *galones de leche entera* |
| | *(puedes utilizar leche de vaca o de cabra)* |
| ½ | *cucharadita de cultivo mesófilo* |
| ½ | *tableta de cuajo vegetal. Disolverás y dejarás reposar por 20 minutos ¼ de tableta en ¼ de taza de agua fría sin clorar para cada tanda de cuajada* |
| ⅛ | *cucharadita de penicillium roqueforti en polvo. Tendrás que usar la mitad para la primera tanda de cuajada y la otra mitad para la segunda* |
| | *Sal al gusto* |

## Instrucciones

1. Rehidrata el *penicillium roqueforti*: espolvorea el polvo en un cuarto de taza de leche a temperatura ambiente. Déjalo reposar sin revolver durante un minuto, posteriormente mézclalo y déjalo reposar durante 30 minutos antes de usar.
2. Calienta un galón de leche en una olla de acero inoxidable a baño maría hasta alcanzar los 30 °C.
3. Agrega la leche con el *penicillium roqueforti*.
4. Agrega la mitad del cultivo mesófilo y mezcla hasta integrar.
5. Cubre la olla y déjala reposar 30 minutos.
6. Agrega la mitad del cuajo y revuelve la mezcla cuidadosamente durante un minuto.

7. Cubre la olla y déjala reposar entre 45 minutos y una hora. Notarás que la cuajada adquiere una consistencia similar a la del yogurt espeso.

8. Realiza una prueba de corte a la cuajada. Si no eres capaz de introducir un cuchillo o tu dedo, y sacarlo limpio, déjala reposar unos minutos más.

9. Corta la cuajada en cubos de un centímetro por lado.

10. Deja reposar la cuajada 10 minutos.

11. Prepara un colador con una doble capa de tela para drenar queso. Asegúrate de que la tela sea lo suficientemente grande como para poder contener el queso y amarrar sus esquinas entre sí para formar una bolsa. Coloca el colador sobre una olla para recibir el suero.

12. Vierte con cuidado la cuajada en el colador y déjala escurrir 10 minutos.

13. Forma la bolsa para escurrido con la tela y cuélgala sobre la olla toda una noche.

14. Al día siguiente, repite estos pasos para obtener otra tanda de cuajada. Déjala escurrir en el colador una hora antes de continuar.

15. Desenvuelve la primera tanda de cuajada y pásala a una tabla para corte.

16. Corta la cuajada en cubos de 2.5 cm por lado. Pasa los cubos a un tazón.

17. Retira la segunda tanda de cuajada y pásala a una tabla para corte.

18. Corta la cuajada en cubos de 2.5 cm por lado. Pasa los cubos a un tazón diferente al de la primera cuajada.

19. Agrega 2 cucharadas de sal a cada tazón y mezcla cuidadosamente.

20. Coloca una tabla para queso. Encima de ella coloca una estera para secar quesos y un molde para queso de un kilo de capacidad.
21. Con la mitad de la primera tanda de cubos de cuajada, recubre el fondo y los laterales del molde para quesos.
22. Coloca la segunda tanda de cubos de cuajada en el espacio creado por la mitad de la primera tanda.
23. Rellena el resto del molde con la otra mitad de la primera tanda de cuajada. Así, la segunda tanda estará envuelta en la primera tanda.
24. Coloca una segunda estera para secado sobre el molde y otra tabla para queso sobre la estera.
25 Deja el queso reposar por 2 horas a una temperatura entre 15 y 16 °C.
26. Dale la vuelta a toda la estructura (tabla, estera, molde, estera, tabla) cada 15 minutos durante estas 2 horas.
27. Durante los siguientes 3 días, dale la vuelta varias veces al día.
28. Saca el queso del molde y esparce sal en toda su superficie. Luego sacude ligeramente el queso para quitar el exceso.
29. Deja el queso madurar por 4 días a una temperatura de 13 °C y una humedad de 85%.
30. Frota suavemente un poco de sal en la superficie del queso todos los días.
31. Al término de los 4 días, crea 24 agujeros en el queso que vayan desde la parte de arriba hasta el fondo. Los agujeros no deben ser mayores a 2 milímetros, te recomendamos usar un palillo para brocheta esterili-

zado. Estos agujeros permitirán que el queso respire y que las bacterias se reproduzcan.

32. Manteniendo la temperatura a 13 °C, deja que el queso se añeje durante un mes.

33. Baja la temperatura a 10 °C y deja que el queso se añeje 3 meses. Mantén la humedad a 85%.

34. Durante este periodo, asegúrate de limpiar el moho que se forme en el exterior de tu queso. Puedes usar un cuchillo para esto.

35. Al término de los 3 meses, tu queso puede consumirse. Sin embargo, puedes añejarlo hasta por otros 3 meses si lo que estás buscando es un sabor bastante intenso.

✓ Procura que el lugar en el que añejes tus quesos esté limpio y tenga una ventilación adecuada. Si hay bacterias y mohos indeseables en el lugar de añejamiento tus quesos pueden contaminarse.

## Queso estilo Stilton

Este queso es de origen inglés y posee denominación de origen. Por ello, esta receta únicamente pretende ayudarte a hacer queso estilo stilton. Para tener un stilton genuino, tendrías que hacerlo con la leche de las vacas del lugar y seguir los procedimientos tradicionales.

*Ingredientes*
  2   *galones de leche entera de vaca*
  2   *tazas de crema entera*

½    *cucharadita de cultivo mesófilo*
⅛    *cucharadita de penicillium roqueforti en polvo*
¼    *tableta de cuajo vegetal disuelta y reposada por*
      *20 minutos en ¼ de taza de agua fría sin clorar*
2    *cucharadas de sal*

## Instrucciones

1. Rehidrata el *penicillium roqueforti*: espolvorea el polvo en un cuarto de taza de leche a temperatura ambiente. Déjalo reposar sin revolver durante un minuto, posteriormente mézclalo y déjalo reposar durante 30 minutos antes de usar.
2. Calienta la leche junto con la crema en una olla de acero inoxidable a baño maría hasta alcanzar los 30 °C.
3. Agrega la leche con el *penicillium roqueforti* y mezcla hasta integrar.
4. Agrega el cultivo mesófilo y mezcla hasta integrar.
5. Cubre la olla y déjala reposar a 30 °C durante 30 minutos.
6. Agrega el cuajo y mezcla cuidadosamente por un minuto.
7. Cubre la olla y déjala reposar de 60 a 90 minutos manteniendo la temperatura a 30 °C. Notarás que la cuajada adquiere una consistencia parecida a la de un yogurt espeso.
8. Realiza una prueba de corte a la cuajada. Si no eres capaz de introducir un cuchillo o tu dedo y sacarlo limpio, déjala reposar unos minutos más.
9. Corta la cuajada en cubos de un centímetro por lado.
10. Deja reposar la cuajada por espacio de 20 minutos.

11. Prepara un colador con una doble capa de tela para drenar queso. Asegúrate de que la tela sea lo suficientemente grande como para poder contener el queso y amarrar sus esquinas entre sí para formar una bolsa. El colador debe encajar bien en la olla en la que fue hecha la cuajada para que pueda reposar en el suero.

12. Con una cuchara para escurrir, pasa los cuajos al colador. Luego, pon el colador sobre la olla con el suero y déjala reposar en el suero durante 90 minutos, manteniendo la temperatura a 30 °C.

13. Ata las esquinas de la tela para drenado y forma una bolsa. Cuelga la bolsa sobre la olla para que escurra el suero 30 minutos.

14. Cuando la bolsa deje de escurrir, pásala a una tabla para corte.

15. Sin deshacer la bolsa, coloca otra tabla para corte sobre la bolsa.

16. Coloca 2 kilos con 300 g de peso sobre la tabla de arriba para prensar el queso a temperatura ambiente por 12 horas.

17. Desenvuelve la cuajada y pásala a un tazón.

18. Con tus manos limpias, corta con delicadeza la cuajada en pedazos de 2.5 cm por lado.

19. Agrega la sal y mézclala cuidadosamente con la cuajada.

20. Coloca una tabla para cortar, sobre ella coloca una estera para secado y sobre la estera coloca un molde para queso con capacidad de un kilo. Recuerda siempre esterilizar todos tus instrumentos de trabajo.

21. Pasa los cuajos al molde.

22. Recubre el molde con otra estera y coloca encima de ella otra tabla para cortar.

23. Deja el queso reposar por 2 horas a una temperatura aproximada de 21 °C.

24. Voltea el queso cada 15 minutos durante estas 2 horas.

25. Deja el queso reposar a temperatura ambiente por otros 4 días.

26. Voltea el queso 4 veces por día durante estos 4 días.

27. Al término de los 4 días, saca tu queso del molde y crea 24 agujeros en él que vayan desde la parte de arriba hasta el fondo. Los agujeros no deben ser mayores a 2 milímetros, te recomendamos usar un palillo para brocheta esterilizado. Estos agujeros permitirán que el queso respire y que las bacterias se reproduzcan.

28. Añeja el queso por 90 días a una temperatura de 10 °C y una humedad de 85%.

29. Durante este periodo, limpia y raspa regularmente el moho del exterior de tu queso ayudándote con un cuchillo.

30. Al término de los 3 meses tu queso está listo para el consumo. Sin embargo, si quieres un sabor más fuerte, déjalo añejar otros 3 meses.

✓ Recuerda que todos tus utensilios deben estar esterilizados, incluso los palillos y las tablas de corte. Esto aplica para cualquier queso que vayas a preparar.

# MANTEQUILLA Y YOGURT

# Mantequillas y derivados

Hacer mantequilla en casa es un proceso sencillo y muy gratificante. No sólo te enseñará los pasos básicos para hacer cosas más complicadas, como los quesos, sino que te dará una muestra patente de la superioridad de los productos hechos en casa sobre los industrializados. Una vez que pruebes la mantequilla hecha por tus manos, no querrás volver a comprarla hecha. Existen innumerables recetas para hacer mantequilla y derivados y una vez que hayas comprendido el proceso básico, tu creatividad será el límite.

Se cree que la mantequilla se creó por accidente, cuando inadvertidamente se batió la leche transportada. ¡Esto te dará cuenta de lo sencillo que puede ser el proceso de manufactura de la mantequilla!

La mantequilla ha estado presente en la gastronomía desde que pudimos domesticar el ganado. Una vez que contamos con una fuente de leche, la mantequilla apareció para darle sabor a la cocina de las distintas culturas de la humanidad. El proceso básico para hacer mantequilla no ha cambiado mucho desde hace aproximadamente 4 000 años, así de básico y tradicional es este ingrediente simple y riquísimo de la gastronomía mundial.

El único ingrediente necesario para hacer mantequilla es la crema. Entre más grasa sea la crema que uses, más cuerpo tendrá tu mantequilla. Te recomiendo empezar con crema entera. No puedes hacer mantequilla con una crema que tenga menos de 20% de grasa ni con variantes ultrapasteurizadas.

Los productos derivados del proceso de la mantequilla también pueden ser muy variados y son sencillos de realizar. Verás que no hay mejor manera de iniciarte en el trabajo de la leche que con estos productos.

## Mantequilla simple

*Ingredientes*

> *Crema entera: como es el único ingrediente necesario para hacer mantequilla, la cantidad de crema a utilizar dependerá de la cantidad de mantequilla que quieras producir. La crema que uses debe tener al menos un 36% de grasa para convertirse en mantequilla, no lograrás el proceso con un porcentaje menor.*
>
> *Sal (opcional): la sal no es necesaria para hacer mantequilla, es una cuestión de gusto y de propósito. Si piensas hacer mantequilla para cocinar, te recomendamos no usar sal. Si vas a usar la mantequilla para untarla en pan, por ejemplo, la cantidad de sal dependerá de tu gusto personal.*

*Instrucciones*

1. Vierte la crema en un frasco con una tapa que cierre bien, no llenes el frasco completamente puesto que necesitarás espacio para batirla agitando el frasco cerrado. La crema, para mejores resultados, deberá estar a una temperatura entre 15 y 16 °C aproximada-

mente. Si la crema está más fría o refrigerada, deja que se caliente un poco a temperatura ambiente. Si la crema está más caliente, refrigérala un poco.

2. Sacude el frasco bien cerrado durante 10 minutos aproximadamente. Notarás que la crema pasa por distintas fases: se hará crema batida y, finalmente, se formarán pequeñas estructuras sólidas amarillentas.

3. Una vez que notes las estructuras sólidas amarillentas, detente y observa la crema. Notarás que se ha separado en estos sólidos amarillentos y un líquido turbio —suero de leche—. Deja el frasco reposar unos cinco minutos para que se asiente el contenido y continúe la separación.

4. Pasa el contenido del frasco por un colador fino para separar el suero de los sólidos.

5. Usa una estopilla de doble capa para volver a colar el suero. Agrega las partes que atrapes en la estopilla a los sólidos que separaste anteriormente con el colador (puedes conservar el suero de leche para tomarlo o para cocinar con él).

6. Coloca los sólidos en un colador de acero inoxidable y enjuágalos con agua fría. Esto hará que adquieran firmeza.

7. Exprime y amasa los sólidos utilizando una cuchara de madera. Trata de sacarles todo el líquido posible; entre más líquido contenga tu mantequilla, menos tiempo se mantendrá fresca y en buen estado.

8. Pasa la mantequilla a un tazón de madera y continua amasando entre 5 y 10 minutos, sacando todo el líquido posible. Notarás que la mantequilla se va haciendo más densa y espesa.

9. Si vas a agregar sal a tu mantequilla, este es el momento de hacerlo. Agrega la sal poco a poco y amasa. Empieza con un cuarto de cucharadita. Esto debería ser más que suficiente si empezaste con 500 mililitros (ml) de crema.

10. ¡Tu mantequilla está lista! Puedes usarla inmediatamente o refrigerarla en un tazón bien tapado para alargar su duración.

✓ Esta receta es sencilla y básica. Podrás darle variedad agregando alguno de tus ingredientes favoritos: ajo, especias, chiles, etcétera.

✓ Si tu mantequilla tiene un olor extraño y un gusto agrio, puede ser que se haya contaminado con el uso de utensilios no esterilizados. Cuida estos detalles. Si no es el caso, puede ser que no hayas extraído el líquido adecuadamente.

## Usando el procesador de alimentos

Si no eres fanático del ejercicio, puedes hacer mantequilla sin tener que agitar un frasco durante más de 15 minutos. Aquí te presentamos una variante usando un procesador de alimentos.

1. Vierte la crema en el procesador y ponlo en velocidad alta; recuerda que la crema deberá estar a una temperatura entre 15 y 16 °C para que pueda separarse y formar mantequilla. Bate hasta que aparezcan sólidos en la mezcla del tamaño de un grano de arroz. Pue-

des parar el procesador y examinar la mezcla cuantas veces sea necesario, no afectará el proceso. Tardarás entre 2 y 8 minutos en obtener el resultado deseado.

2. Una vez separado el suero de los sólidos, deja la mezcla reposar 5 minutos.

3. Pasa la mezcla por un colador fino de acero inoxidable.

4. Vuelve a colar la mezcla utilizando dos capas de estopilla.

5. En un colador grande de acero inoxidable o plástico, amasa la mezcla utilizando una cuchara de madera. Trata de extraer todo el líquido que puedas.

6. Si es tu gusto, añade sal poco a poco y mezcla amasando. Nuevamente, puedes usar un cuarto de cucharadita por cada medio litro de crema.

7. Continúa amasando hasta que la mantequilla se espese y se haga más densa. Recuerda que una vez que la refrigeres adquirirá mayor firmeza.

8. Usa tu mantequilla recién hecha o refrigérala en un recipiente con tapa.

✓ ¿Por qué no pruebas refrigerando mantequilla en moldes con formas específicas? ¡Podrías lucirte con pequeñas esculturas hechas con mantequilla casera!

He mencionado que puedes hacer tu mantequilla sin sal o que puedes agregarle un poco de sal según tu preferencia. En ese momento, no sólo pienses en mantequilla con sal, puedes ser todo lo creativo que quieras y preparar deliciosas variantes.

Prueba con un poco de ajo y tendrás una mantequilla estilo rústico italiano. También puedes agregar un poco de miel y tendrás un maravilloso acompañamiento para tus panes predilectos. Un poco de especias harán de tu mantequilla un manjar gourmet. La clave está en tus gustos personales y en la experimentación.

Dependiendo del propósito de uso que tengas para tu mantequilla y de la cantidad que hayas preparado, deberás usar distintas formas de preservar tu producto.

Si piensas usar tu mantequilla en los siguientes 7 días, métela en el refrigerador y sácala 10 minutos antes de servirla para que esté suave.

Refrigérala en un recipiente con tapa para que se conserve mejor y no absorba los olores del resto del contenido de tu refrigerador.

Si no piensas usarla en la siguiente semana o si pretendes usarla para hornear, congélala. Puedes hacerlo en un recipiente con tapa o envuelta en papel encerado dentro de una bolsa especial para congelar alimentos. Lo importante es que esté aislada de los demás alimentos para que no absorba sus olores. Para descongelar, déjala en el refrigerador una noche antes de usarla.

✓ Recuerda que la clave para tener mantequilla fresca por más tiempo es drenar todo el suero posible de la mezcla a la hora de amasar. También puedes agregar un poco de sal para alargar su tiempo de conservación.

# Mantequilla cultivada

Esta mantequilla usa un proceso de cultivo similar al que usarás para aprender a hacer yogurt y queso. La diferencia entre una mantequilla simple y una con cultivo está en el sabor. Pruébalas y elige tu favorita.

Agregar cultivos a los lácteos hará que la acidez suba y se desarrollen sabores y texturas distintas, este es el inicio del proceso del cuajado que será la base de la transformación de la leche y la crema en yogurt y queso.

Para esta receta puedes usar un cultivo yogurt o un poco de yogurt natural sin aditivos (asegúrate de este punto revisando los ingredientes en la etiqueta, deberá indicar que está hecho a base de leche con cultivos).

## Ingredientes
1     litro de crema entera
⅓     taza de yogurt natural sin aditivos

## Instrucciones
1. Vierte tanto el yogurt como la crema en un tazón de vidrio o de acero inoxidable. Mezcla y tapa bien el tazón.
2. Deja la mezcla reposar por 12 horas a temperatura ambiente (22 °C aproximadamente), notarás que se espesa ligeramente.
3. Sigue los pasos para confeccionar mantequilla simple.

La mantequilla que obtendrás tendrá un sabor más fuerte y amargo, esto es efecto de la acidez adquirida por la fermentación de la crema. A esta diferencia de sabor se le atribuye el término "maduro", así, la mantequilla cultivada es mantequilla bajo un proceso de maduración. El mismo proceso, la misma diferencia en el sabor y la misma terminología las encontrarás entre los quesos frescos y los quesos maduros.

Existen diferentes tipos de cultivos que puedes usar para hacer mantequilla cultivada, el proceso es prácticamente el mismo. Puedes experimentar con distintos tipos de cultivo y con el tiempo que dejas reposar la crema. Haz anotaciones para que cuando encuentres el sabor que buscas tengas bien definida la receta a seguir.

## Mantequilla clarificada

La mantequilla clarificada es una variante de la mantequilla simple que es ideal para acompañar a la langosta o a los mariscos. También resulta sumamente útil al saltear alimentos, puesto que resiste mayores temperaturas que la mantequilla regular, lo que permite cocinar alimentos de forma rápida y con mucho calor.

*Ingredientes*
    *Mantequilla simple*

*Instrucciones*
1.  Coloca la mantequilla a baño maría y a fuego lento hasta que se derrita.
2.  Mientras continúas cocinando la mantequilla, notarás que se separa en tres componentes: una capa superficial de agua (la cual se evaporará gradualmente), una

capa de grasa en el medio y una capa de sólidos lácteos en el fondo.

3. Después de 30 minutos aproximadamente, el agua en la superficie se habrá evaporado del todo y notarás que la mezcla adquiere un tono amarillo dorado y una transparencia superior a la que tenía al iniciar el proceso.

4. Quita la mantequilla del fuego y déjala reposar 10 minutos, notarás que el proceso de separación continúa.

5. Pasa la mantequilla por una estopilla doble para atrapar los sólidos. También puedes enfriar la mezcla y quitarlos raspando el fondo de la masa.

6. La mantequilla clarificada es la parte líquida que logró pasar a través de la estopilla.

✓ Considera a la hora de hacer tus cálculos que la cantidad de mantequilla clarificada que obtendrás será menor a la que tenías de mantequilla simple al iniciar el proceso de purificación.

## *Buttermilk* (suero de leche)

Este suero puede ser de gran utilidad para beber (son muchos sus beneficios alimenticios dado el nivel proteico que contiene), para cocinar y para hornear. Este ingrediente hará que tus hot cakes, tus panes y pasteles adquieran una suavidad y sabor inigualables, ya que funciona como un acondicionador para todo tipo de masa.

Si quieres puedes recoger el suero que se separa cuando prepares mantequilla simple o hacer un poco cultivándolo para acrecentar su sabor. Aquí te presentamos una receta utilizando un cultivo.

Es importante mencionar que el suero de leche cultivado funciona como un cultivo serial. Esto quiere decir que un poco del mismo suero de leche que preparaste anteriormente servirá para cultivar más y así sucesivamente. Lo único que necesitas adquirir es el cultivo para la primera tanda.

Calcula usar un octavo de cucharadita de cultivo por cada litro o litro y medio de leche. Si el cultivo que conseguiste viene empaquetado, sigue las instrucciones del paquete.

## Ingredientes

½ galón de leche (puedes usar leche entera, baja en grasa o desnatada. Lo único que debes evitar es la leche ultrapasteurizada.)

⅛ cucharadita de cultivo

## Instrucciones

1. Calienta la leche a baño maría a 85 °C y mantén esa temperatura durante 30 minutos.

2. En este momento puedes añadir entre un cuarto y media cucharadita de leche en polvo para obtener más cuerpo en el resultado final. Este paso es opcional.

3. Pasa el contenedor con la leche a una olla con agua fría para que se enfríe rápidamente. Trata de llevarla hasta una temperatura entre 25 y 26 °C.

4. Agrega el cultivo y remueve suavemente hasta que se disuelva.

5. Pasa la leche con el cultivo a un frasco. Ponle la tapa pero no la ajustes. Déjalo reposar a temperatura ambiente entre 16 y 18 horas para que madure.

6. Terminado el proceso de maduración, notarás que la leche se ha vuelto más espesa. Incluso, si agregaste leche en polvo, parecerá yogurt. Refrigérala por dos semanas.

Una vez que tengas suero de leche cultivado, podrás hacer más utilizando un poco del anterior como cultivo. Los pasos a seguir se simplifican mucho:

1. Calienta un litro de leche a 30 °C.
2. Agrega tres cuartos de taza del suero de leche cultivado.
3. Déjalo madurar a temperatura ambiente por 12 horas.
4. Refrigera.

## Jocoque mexicano

Ahora te presentamos dos versiones de un delicioso derivado de la leche: el jocoque.

Este producto se consume a lo largo y ancho de todo México. Su origen es algo debatido. Por un lado, tenemos el jocoque mexicano que se presume de origen prehispánico. De hecho, el vocablo náhuatl *xocotl* quiere decir "agrio", por lo que el jocoque se conoce como la leche agria fermentada en ollas de barro que se preparaba en el México antiguo. Aquí te presentamos una receta tradicional para este tipo de jocoque. Pruébalo como antaño: con tortillas recién hechas y un poco de chile.

*Ingredientes*

1   *litro de leche entera de vaca*

*Instrucciones*

1. Calienta la leche en una olla de barro hasta alcanzar los 30 °C.
2. Saca la olla del fuego, tápala con una manta y déjala reposar a temperatura ambiente por 3 días para que se fermente.
3. Pasa la leche fermentada por un colador fino.
4. Agrega sal al gusto y mezcla hasta integrar.
5. Regresa el jocoque a un recipiente de barro y déjalo reposar un día más.

## Jocoque árabe

El jocoque árabe lo importamos los mexicanos de la cocina turca y se ha extendido por todo el territorio nacional como una versión más espesa y seca del jocoque mexicano. Su sabor fuerte puede ser el complemento ideal para un poco de fruta con miel. También puedes acompañarlo simplemente con totopos o un poco de pan pita. Esta modalidad requiere un cultivo de inicio para la fermentación. Como en el caso del yogurt, podrás utilizarlo para cultivar tandas en serie, ¡sólo necesitas un poco de jocoque fresco para poder hacer más y más jocoque!

*Ingredientes*

4   litros de leche entera de vaca
1   taza de jocoque fresco (asegúrate que sea natural y que esté lo más fresco posible)

*Instrucciones*

1. En una olla de acero inoxidable calienta la leche hasta el primer hervor. Apaga inmediatamente el fuego.
2. Deja la leche entibiarse hasta que puedas introducir tu dedo meñique durante 20 segundos en ella sin quemarte.
3. Con una cuchara de madera, retira la nata que se forme en la superficie de la leche.
4. Agrega el jocoque fresco y mezcla hasta integrar.
5. Vierte la mezcla en un recipiente de plástico con tapa.
6. Guarda el recipiente en tu horno para que conserve su temperatura durante 3 horas o hasta que cuaje.
7. Refrigera por 24 horas.

Hasta aquí tienes ya lista una tanda de jocoque fresco. Si quieres jocoque seco, no refrigeres y continua con los siguientes pasos:

8. Prepara un colador recubierto con una doble capa de tela para drenar. Asegúrate de que la tela sea lo suficientemente grande como para amarrar sus esquinas entre sí y poder formar una bolsa. Coloca el colador sobre una olla para que el suero escurra en ella.
9. Pasa el jocoque fresco al colador. Amarra las esquinas de la tela y forma una bolsa para drenado.
10. Cuelga la bolsa sobre la olla y déjala escurrir por una hora.
11. Pasa la olla y la bolsa colgando sobre ella al refrigerador y déjala escurrir por 3 horas más.

12. Cuando termine de escurrir el suero, tendrás listo tu jocoque seco. Escúrrelo hasta que tenga la consistencia que deseas, pásalo a un recipiente con tapa y refrigéralo.

## Mascarpone

Usualmente conocido como un queso, el mascarpone es la crema ligera que encontramos como relleno en el delicioso tiramisú. ¿No te encantaría preparar este postre en casa? Aquí encontrarás cómo hacer este delicioso complemento.

*Ingredientes*
   1   *litro de crema ligera*
   ¼   *cucharadita de ácido tartárico (puedes sustituirlo por ácido cítrico o, en su defecto, 60 ml de jugo de limón)*

*Instrucciones*
   1. Calienta la crema ligera a baño maría a 85 °C.
   2. Agrega la mitad del ácido tartárico y remueve suavemente hasta mezclarlo perfectamente con la crema.
   3. Notarás que la crema empieza a coagularse hasta adquirir una consistencia granulosa. Si este proceso no sucede, añade la otra mitad del ácido tartárico.
   4. Prepara un colador cubierto con una doble capa de estopilla, procura que la tela sea lo suficientemente grande para poder contener toda la mezcla y poder juntar sus esquinas y atarlas juntas.
   5. Recoge la cuajada con una cuchara y pásala al colador. Déjala escurrir por una hora.

6. Pásala a un contenedor con tapa y refrigérala por dos semanas.

# Crema agria

La crema agria solía hacerse a partir de la crema fresca extraída de la leche bronca, simplemente se dejaba reposar hasta que las bacterias propias de la crema hacían su trabajo y, poco a poco, le daban ese sabor amargo al producto final. Hoy por hoy, la forma más sencilla de hacer crema agria en casa es usar el suero de leche cultivado.

*Ingredientes*
   2   *tazas de crema ligera a temperatura ambiente*
   2   *cucharadas de suero de leche cultivado a temperatura ambiente*

*Instrucciones*
1. Mezcla la crema y el suero de leche cultivado en un frasco de vidrio.
2. Tapa bien el frasco y deja reposar la crema por 24 horas, deberá quedar más espesa que al inicio.
3. Remueve la crema y refrigérala al menos 24 horas antes de usarla. Esta crema deberá durarte al menos un mes en el refrigerador.

# Quark

El quark es una especie de queso muy cremoso que es excelente para untar en panes y acompañar frutas. Tiene un sabor agrio muy característico y es una excelente opción para darle variedad a los quesos crema. Preparar un poco es la mejor manera de ensayar algunos de los pasos para preparar quesos propiamente dichos.

*Ingredientes*

1   *galón de leche pasteurizada (puedes usar cualquier tipo de leche menos la desnatada)*
2   *cucharadas de suero de leche cultivado*

*Instrucciones*

1. Calienta la leche a baño maría hasta alcanzar los 30°C.
2. Agrega el suero de leche y remueve suavemente.
3. Tapa la leche, sácala del baño maría y déjala reposar a temperatura ambiente por 24 horas. Deberá adquirir una consistencia similar a la del yogurt.
4. Prepara un colador cubierto por una doble capa de estopilla. Cuida que la tela sea lo suficientemente grande para poder poner la cuajada en ella y atar las esquinas juntas para hacer una bolsa de drenado.
5. Coloca el colador sobre una olla de acero inoxidable y pasa la mezcla a través de él. Puedes utilizar el suero que quede en la olla para cocinar.
6. Ata las esquinas de la tela formando una bolsa que contenga la cuajada.
7. En tu refrigerador, cuelga la bolsa sobre un tazón y déjala escurrir toda la noche (8 horas, aproximada-

mente). Puedes colocar la bolsa dentro de un colador y aplicar presión sobre de ella para apresurar el proceso de drenado (puedes colocar botellas llenas de agua sobre la bolsa y dejar que el peso ayude a sacar todo el suero posible).

8. Pasa el queso a un contenedor con una buena tapa y refrigéralo por dos semanas.

## Queso de suero de leche

Para este queso blando necesitarás el suero de leche sin cultivar que se separa cuando haces mantequilla simple.

*Ingredientes*

Suero de leche (como es el único ingrediente, no importa la cantidad que uses)
Sal al gusto

*Instrucciones*

1. Deja el suero reposar a temperatura ambiente por 24 horas.
2. Calienta el suero en una olla de acero inoxidable a baño maría hasta alcanzar una temperatura entre 70 y 80 °C. Notarás que se forma cuajada y suero.
3. Prepara un colador con una doble capa de estopilla. Cuida que la tela sea suficientemente grande como para poder amarrar sus esquinas entre sí y formar una bolsa para el queso.
4. Coloca la cuajada dentro del colador y ata las esquinas de la tela para formar la bolsa.

5. Cuelga la bolsa sobre un tazón y deja escurrir el queso a temperatura ambiente por 4 horas.
6. Cuando alcance la consistencia que desees, pasa el queso a un contenedor. Puedes agregar sal a tu gusto. Refrigéralo por dos semanas.

## Ricotta o requesón

Existe mucha controversia en torno al queso ricotta ya que usualmente lo encuentras en la sección de quesos, aunque técnicamente no es uno de ellos. Los puristas no lo incluyen dentro del universo de los quesos pues está hecho del suero que se separa de la cuajada al preparar algún queso.

En las recetas de este libro encontrarás que siempre sugiero recoger el suero que se desprende al coagular la leche ya que puede ser de utilidad para beberlo o para cocinar (prueba usarlo para ablandar la masa de tus panes caseros, les dará una textura única). Una cosa que puedes hacer con él es un poco de ricotta.

Ricotta significa recalentado. Se hace recalentando el suero de la leche para conseguir una segunda cuajada, aprovechando las proteínas y las enzimas que permanecen en él. ¡En el mundo de los derivados de la leche, nada se desperdicia!

*Ingredientes*

7 ½    *litros de suero de leche fresca (es crucial que el suero no tenga más de 3 horas de producido para que sus propiedades puedan aprovecharse)*

¼    *taza de vinagre de sidra*
    *Sal al gusto*

*Instrucciones*

1. Calienta el suero en una olla de acero inoxidable hasta alcanzar los 93 °C, no es necesario hacerlo a baño maría.
2. Cuidadosamente, vierte el vinagre en el suero y revuelve hasta integrar.
3. Retira la olla del fuego. Notarás que pequeños coágulos empiezan a flotar en el suero.
4. Prepara un colador con una doble capa de estopilla lo suficientemente grande como para contener la cuajada y poder amarrar sus esquinas entre sí para formar una bolsa de drenado. Colócala sobre una olla para que atrape el suero que va a escurrir.
5. Vierte el contenido de la olla en el colador y ata las esquinas de la tela para formar la bolsa de drenado.
6. Cuelga la bolsa sobre la olla (puedes usar un gancho o una cuchara atravesada por el medio del nudo de la bolsa) y déjala escurrir por 4 horas o hasta que deje de escurrir suero.
7. Pasa la cuajada a un tazón. Agrega sal al gusto y mezcla hasta integrar.
8. Tu ricotta puede durar una semana en el refrigerador si lo almacenas en un recipiente bien cerrado.

*Ricotta salado*

Si te interesa preparar una versión de ricotta más seca y salada puedes intentar esta variante, ideal para usar un poco sobre tu pasta favorita, especialmente si es un pesto:

1. Sigue los pasos para preparar ricotta hasta el número 6.

2. Prepara un molde para queso forrado con una doble capa de tela para drenar queso. Asegúrate de que la tela sea lo suficientemente grande para poder envolver toda la cuajada una vez que la coloques dentro. Ponlo sobre una bandeja para que el suero pueda escurrir sobre ella.

3. Pasa la cuajada del colador al molde para queso, envuélvela con la tela para drenado.

4. Coloca una tapa que ajuste bien en el molde y 500 g de peso sobre la tapa para prensar el queso.

5. Prénsalo durante una hora.

6. Saca el queso de su envoltura, dale la vuelta y colócalo nuevamente en el molde, envuelto en la tela de drenado.

7. Coloca 500 g de peso y déjalo prensarse durante 12 horas.

8. Saca el queso del molde, desenvuélvelo y frota su superficie con un poco de sal.

9. Vuelve a meter el queso en el molde, ya no es necesario que uses la tela.

10. Coloca el molde con el queso en un contenedor cerrado y mételo a tu refrigerador.

11. Cada día, durante una semana, saca el queso, dale la vuelta y vuélvelo a guardar. Cada vez que hagas esto, frota un poco de sal en su superficie.

12. Deja que el queso madure en tu refrigerador de dos semanas a un mes. Si notas que un poco de moho se forma en su superficie, puedes limpiarlo frotándolo con un paño humedecido en agua salada.

# Kefir

El kefir es una bebida probiótica altamente benéfica para la salud intestinal. Su preparación requiere de un cultivo especial que tendrás que conseguir en el supermercado. Dependiendo del tipo de cultivo para kefir que encuentres, podrás seguir preparándolo indefinidamente o únicamente por unas cuantas generaciones más.

*Ingredientes*
  1    *litro de leche*
  ½    *cucharadita de polvo de cultivo para kefir*

*Instrucciones*
  1. Calienta la leche a baño maría hasta una temperatura de 32 °C.
  2. Agrega y mezcla el polvo de cultivo para kefir (verifica que las instrucciones en el paquete concuerden con las proporciones sugeridas en este libro).
  3. Saca la leche del fuego y déjala madurar a temperatura ambiente por 12 horas.
  4. Refrigera.

  ✓ Puedes usar el kefir resultante para hacer otras 6 generaciones. Usa una proporción de 2 cucharadas de kefir por cada litro de leche y sigue el mismo procedimiento.
  ✓ El kefir combina muy bien con las bebidas afrutadas. Pruébalo en un rico smoothie de tu fruta favorita, es una opción deliciosa y sana.

## Kefir a partir de granos

*Ingredientes*

    1    *litro de leche*
  1 o 2   *cucharadas de granos de kefir*

*Instrucciones*

1. Coloca los granos de kefir en un frasco grande. Vierte la leche en el frasco.
2. Tapa el frasco dejando que la leche respire. Puedes colocar la tapa sin cerrarla del todo o utilizar tela para tapar el frasco (utiliza estopilla para drenar queso y crea tres capas con ella para cerrar el tarro).
3. Deja reposar la mezcla a temperatura ambiente entre 12 y 72 horas dependiendo de qué tan intenso te guste el sabor de tu kefir.
4. Pasa la mezcla por un colador (usa preferentemente uno de plástico pues el metal se mancha al reaccionar con el kefir).
5. Pasa los granos de kefir que quedaron en el colador a un frasco de vidrio. No los enjuagues. Ya están listos para hacer otra tanda de kefir, si no los vas a usar inmediatamente, sumérgelos en un poco de leche y refrigéralos.

✓ Los granos de kefir deberán durar indefinidamente si los cuidas bien. Además, estos granos se reproducirán, así que podrás compartirlos con tus amistades.

# Yogurt

El yogurt es un alimento común, fácil de conseguir y muy nutritivo. Sin embargo, cuando compramos yogurt en el supermercado, a menos que compremos un yogurt orgánico de alta calidad, adquirimos una mezcla de ingredientes innecesarios que alteran el sabor y la calidad del producto.

Si analizas las etiquetas de las marcas comerciales, encontrarás colorantes, saborizantes, jarabes y bastante azúcar, que son agregados sin necesidad a la mezcla. Una vez que pruebes el yogurt hecho en casa y que experimentes agregándole fruta fresca, no volverás a llamar yogurt a lo que antes comprabas en el supermercado.

Cuando produces tu propio yogurt, sabes perfectamente qué es lo que estás llevando a tu boca y a la de tu familia. Las recetas para crear distintos tipos y sabores de yogurt te dará una variedad muy amplia de oportunidades para degustar este alimento que lleva nutriendo a la humanidad por cerca de 10 000 años.

Además, hacer yogurt en casa resulta una gran opción para tu bolsillo. El yogurt se hace con un cultivo en serie, lo que quiere decir que una vez que hagas la primera tanda, podrás usar el mismo yogurt resultante para cultivar más y más yogurt indefinidamente. Suena bien, ¿no?

El yogurt es, básicamente, leche fermentada. El proceso de fermentación se logra añadiendo a la leche un cultivo que transforma la lactosa en ácido láctico. Generalmente se usa alguna mezcla de *lactobacillus bulgaricus, lactobacillus acidophilus y streptococcus thermophilus*.

Algunas mezclas para cultivo de yogurt se han hecho famosas por su sabor específico, tal es el caso de la *Filmjölk* (yogurt medio con sabor agrio), el *Matsoni* (yogurt espeso extremadamente agrio), el *Viili* (yogurt ligero con sabor intermedio) y el *Piimä* (yogurt ligero para beber con un sabor muy suave).

La clave para hacer yogurt está en calentar la leche a tal punto que extermines cualquier microorganismo en ella, así, cuando agregues el cultivo con las bacterias benéficas de tu elección, podrás transformar el yogurt en un alimento rico en nutrientes y con el sabor exacto que buscabas.

Muchas personas prefieren comprar una máquina para hacer yogurt porque el proceso requiere que mantengas la mezcla a una temperatura específica por un largo periodo de tiempo (de 6 a 8 horas). Uno de estos aparatos puede hacerte la vida más simple, sin embargo, puedes hacer yogurt sin ellos. Al final, es una cuestión de presupuesto y de gustos: hay quienes disfrutan cada uno de los pasos de hacer yogurt y hay quienes lo único que quieren es disfrutar de este rico derivado de la leche.

✓ Si quieres comprar una máquina para hacer yogurt pero no quieres gastar, piensa en todo lo que ahorrarás dejando de comprar yogurt en las tiendas. ¡Un litro de yogurt es mucho más caro que un litro de leche!

# Yogurt básico

*Ingredientes*

> *Leche (puedes usar cualquier tipo de leche salvo la ultrapasteurizada)*
> *Cultivo activo para yogur (si no encuentras este cultivo en la tienda, puedes usar un poco de yogur comprado, sólo fíjate que no tenga aditivos. Usa ¼ de taza de yogur por cada litro de leche.)*

*Instrucciones*

1. En una olla de acero inoxidable, calienta la leche a baño maría removiendo constantemente hasta alcanzar los 85 °C.
2. Una vez alcanzada la temperatura necesaria, enfría la leche para que quede entre los 40 y 50 °C. Asegúrate de que la temperatura no suba, el cultivo activo para yogur muere cerca de los 55 °C.
3. Vierte el cultivo en la leche y mezcla bien.
4. Vierte la mezcla en un frasco de vidrio con una buena tapa.
5. Mantén el frasco a una temperatura entre los 40 y los 50 °C por un lapso de entre 6 y 8 horas.
6. Refrigera.

✓ Si te gusta tu yogur un poco más espeso, prueba añadiendo un poco de leche en polvo. Entre un cuarto y media taza será más que suficiente para hacer el truco.

¿Cómo mantener el frasco con la leche y el cultivo a una temperatura constante por tanto tiempo si no contamos con una máquina para hacer yogurt?

Sin una máquina, es complicado mantener una temperatura constante durante un periodo de tiempo tan largo. A continuación te doy algunas sugerencias, sin embargo, será de suma importancia que adoptes la que mejor se adecúe a tus condiciones personales y que no dejes de vigilar la temperatura. Recuerda que si la temperatura sube demasiado, matarás el cultivo y no podrás generar yogurt. Si la temperatura baja demasiado, el proceso de fermentación se detendrá y tendrás que volverla a subir para que continúe, únicamente tendrás un sabor un poco más agrio de lo habitual.

- Prueba poner el frasco en agua calentada a 50 °C dentro de una hielera. Puedes aislar la tapa de la hielera con una toalla. Es importante que no abras la hielera durante el tiempo de incubación del yogurt. También puedes verter el yogurt en algún termo y para que conserve el calor.
- Puedes usar tu horno. Precalienta el horno a la menor temperatura posible, apágalo. Monitorea la temperatura del interior del horno hasta que llegue a un poco menos de 50 °C, en ese momento puedes meter los frascos. Tendrás que monitorear la temperatura y prender el horno a ratos para mantenerla dentro de los límites adecuados. Recuerda que no debes sobrepasar los 50 °C.
- Puedes usar una olla de cocción lenta rellena con agua. De nuevo, tendrás que monitorear la temperatura constantemente.

✓ El yogurt puede durar hasta una semana en tu refrigerador. Recuerda ajustar bien la tapa del contenedor.

El proceso de hacer yogurt tiene sus dificultades. Aquí te mencionamos algunas soluciones a los problemas más comunes que puedes encontrarte:

Si tu yogurt tiene poco cuerpo y está demasiado líquido puede ser que la fermentación no se haya producido adecuadamente. Una posible razón es que hayas dejado que se enfriara demasiado la leche antes de agregar el cultivo. Cuida que la temperatura de la leche esté entre 40 y 50°C.

La otra posible razón es que no hayas mantenido el yogurt suficientemente caliente durante el tiempo adecuado para que se realizara la fermentación.

La presencia de microorganismos en la leche puede matar el cultivo activo de yogurt. Asegúrate de calentar bien la leche antes de iniciar el proceso de fermentación para matar las bacterias nocivas que puedan afectar tu cultivo. Si usas leche bronca, asegúrate de que repose al menos 24 horas en tu refrigerador antes de iniciar el proceso. Esto te ayudará a matar los microorganismos propios de este tipo de leche.

Otra posible razón es que hayas usado un cultivo débil. Si usaste yogurt como cultivo, asegúrate de que sea lo más fresco posible para que las bacterias estén fuertes.

Por último, siempre asegúrate de que tu equipo esté perfectamente enjuagado y esterilizado. Cualquier residuo de jabón o suciedad puede alterar el proceso de fermentación.

Si tu yogurt está demasiado cuajado al término de las 8 horas de reposo, seguramente calentaste demasiado la leche antes o al agregar el cultivo.

Si tu yogurt tiene mal sabor, comprueba que tus utensilios, frascos y tapas estén limpios. También asegúrate de que no hayas quemado la leche. El baño maría ayuda con esto, pero también lo hace el remover constantemente y mantener un control de la temperatura constante.

Si el sabor es demasiado fuerte revisa si no dejaste reposar el yogurt más de 8 horas.

También asegúrate de que todos los ingredientes que usaste estuvieran frescos, incluso si usaste leche en polvo, ésta puede estar ya pasada.

✓ El yogurt es un ingrediente que puede usarse para hacer distintos platillos. Prueba sustituir la crema por yogurt para hacer copas cremosas. También puedes sustituir la mayonesa por yogurt en algunas ensaladas. ¡Tendrás variantes deliciosas y con menor contenido calórico!

## Yogurt de sabor

Para saborizar tu yogurt lo único que tienes que hacer es agregar el sabor cuando añades el cultivo. Los demás pasos serán exactamente los mismos.

Por ejemplo, puedes agregar un par de gotas de extracto de vainilla, un poco de café o miel. La experimentación te ayudará a encontrar la proporción que es adecuada según tus propios gustos.

Para hacer yogurt de frutas lo único que debes hacer es agregar fruta fresca o congelada justo antes de servirlo.

También puedes usar un poco de mermelada, mezclarla bien y servirlo.

## Yogurt congelado

La base para hacer yogurt congelado es esencialmente la misma que para hacer yogurt simple. La clave está en que necesitas controlar la textura y el nivel de líquido que contiene tu yogurt base para que, al congelarlo, obtengas el resultado deseado.

Lo fundamental para hacer un buen yogurt congelado es obtener un yogurt simple lo más espeso y cremoso posible. Para esto puedes agregar un poco de leche en polvo sin grasa a la leche con la que vas a preparar el yogurt. La leche en polvo agrega sólidos lácteos a la mezcla por lo que te dará una base más sustanciosa para trabajar. También te puede ayudar no usar leche descremada.

Otro procedimiento que puedes utilizar para incrementar la densidad de tu yogurt es el drenado. Como si estuvieras preparando queso o mantequilla, prepara un colador con dos capas de estopilla y coloca el yogurt dentro. Déjalo escurrir unos 15 minutos y tendrás un yogurt mucho más espeso.

Otro factor importante a la hora de hacer yogurt congelado es el sabor que quieras lograr. Como puedes usar esencia de vainilla o chocolate, puedes usar fruta batida. La clave estará en decidir si quieres que el sabor propio del yogurt predomine o no. Si así lo quieres, deja el yogurt fermentarse las 8 horas. Si no quieres que predomine, acorta el tiempo de fermentación.

Para preparar yogurt congelado necesitarás mantenerlo frío y en movimiento. Por esta razón, mucha gente prefiere utilizar una máquina para hacer helado. Sin embargo, no es del todo necesaria. Aquí te explico cómo puedes tener un cremoso yogurt congelado sin la necesidad de este tipo de aparato. La clave está en lograr que se congele sin solidificarse.

*Ingredientes*

| | |
|---|---|
| 3 | *tazas de yogurt casero simple* |
| 1 | *taza de crema entera* |
| ¾ | *taza de azúcar* |
| ⅛ | *cucharadita de sal* |
| 3 | *porciones de la fruta de tu elección o una cucharadita de extracto de vainilla o un chorrito de jarabe de chocolate. ¡Hay tantas posibilidades!* |

*Instrucciones*

1. Licua todos los ingredientes hasta que queden perfectamente integrados.
2. Coloca la mezcla en un recipiente apto para el congelador.
3. Congela por 45 minutos.
4. Bate la mezcla.
5. Congela por 30 minutos.
6. Bate la mezcla.
7. Congela por 30 minutos.
8. Bate la mezcla.
9. Sirve o congela.

✓ Si tienes una máquina para hacer helado, lo único que debes realizar luego de mezclar todos los ingredientes es dejarlos en el congelador por 2 o 3 horas y luego accionar la máquina de helado tal como indica su instructivo.

# La clave del éxito de los artesanos queseros

Cuando logres recorrer las recetas de este libro y hacerlas tuyas, te habrás convertido en un productor de queso casero muy respetable. Como siempre, te recomiendo que revises tus notas regularmente y que crees tus propias recetas. Aquí sólo te he presentado algunas fórmulas para comenzar, pero lo importante es que tú las adaptes a tu estilo, tus recursos, tus ingredientes y, principalmente, tu gusto.

La clave del éxito en el trabajo de la leche y, en especial, en la fabricación de quesos es la perseverancia. Debes practicar y practicar, tener mucha paciencia y aprender de tus errores. No dejes que una textura inadecuada te baje el ánimo, muchas veces el sabor está ahí pero no la apariencia, así que vuelve a intentarlo. Otras veces lo que fallará será el sabor: revisa las temperaturas, los tiempos, la limpieza de tu equipo y la frescura de tus ingredientes, pues ahí suelen estar la mayoría de los problemas.

Es impresionante la gran variedad de productos y sabores que puedes crear con tan pocos ingredientes. La leche es un regalo de la naturaleza extremadamente flexible que te llevará a experimentar un sinfín de sensaciones. Enamórate de cada paso en su transformación, disfruta el camino y no sólo busques el resultado.

La experiencia es la clave cuando de hacer grandes mantequillas, yogurts y quesos se trata. Si puedes, contagia

con tu entusiasmo a algunas personas y formen un club
en el que intenten seguir una misma receta: la experiencia
compartida los hará avanzar más rápido. También es buena
idea asesorarte con gente experimentada: súbete a tu coche
y visita alguna granja quesera, verás que la gente reacciona
con generosidad ante tu admiración e intento por aprender
su arte.

Como te he dicho varias veces, para ser un artesano
quesero lo que se necesita es paciencia y práctica, así que no
te quito más tiempo. ¡Disfruta!

# Apéndice

## Tabla de control para tus quesos

Aquí te presento un formato para llevar un control de tus creaciones culinarias, especialmente de tus quesos. Te sugiero que guardes esta información para que puedas trabajar con ella y aprendas tanto de tus aciertos como de tus errores. ¡Siéntete en la libertad de agregarle cuantos rubros consideres necesarios!

| | |
|---|---|
| Tipo de queso | |
| Fecha de creación | |
| Tipo de leche | |
| Cantidad | |

| 1. Fermentación | |
|---|---|
| Tipo de cultivo | |
| Cantidad | |
| Tiempo en el que se añadió | |
| Temperatura a la que se añadió | |

| 2. Coagulación | |
| --- | --- |
| Tipo de cuajo | |
| Cantidad | |
| Tiempo en el que se añadió | |
| Temperatura a la que se añadió | |

| 3. Corte de la cuajada | |
| --- | --- |
| Tamaño de los cuajos | |
| Tiempo al que se cortaron | |

| 4. Cocción de la cuajada | |
| --- | --- |
| Tiempo que se cocinó | |
| Temperatura inicial | |
| Temperatura final | |

| 5. Drenado de la cuajada | |
| --- | --- |
| Tiempo de drenado | |
| Temperatura de drenado | |

| 6. Molienda o amasado | |
| --- | --- |
| Tiempo en el que se molió o amasó | |

| 7. Salado | |
| --- | --- |
| Método utilizado | |
| Cantidad de sal | |
| Otros ingredientes | |

| 8. Prensado | |
|---|---|
| Tiempo de prensado final | |
| Cantidad de peso final | |
| Número de intervalos parciales | |
| Fecha en la que se terminó el prensado | |

| 9. Secado | |
|---|---|
| Fecha de inicio | |
| Fecha de término | |

| 10. Encerado o vendado | |
|---|---|
| Fecha | |

| 11. Añejamiento | |
|---|---|
| Temperatura | |
| Humedad | |
| Fecha de inicio | |
| Fecha de término | |

| 12. Prueba | |
|---|---|
| Fecha de la primera degustación | |

| Observaciones y comentarios | |
|---|---|

**Cómo Hacer Quesos** *artesanales*

terminó de imprimirse en 2014
en Litográfica Ingramex S. A. de C. V.
Centeno 162-1, Col. Granjas Esmeralda,
Del. Iztapalapa, C. P. 09810, México, D. F.